广东治理现代化
实践探索研究

陈家刚　陈晓运
黄丽华　等著

人民出版社

序

习近平总书记指出，"改革开放以来，我们党开始以全新的角度思考国家治理体系问题"①。全面深化改革的总目标就是完善和发展中国特色社会主义制度、推进国家治理体系和治理能力现代化。这是坚持和发展中国特色社会主义的必然要求，也是实现社会主义现代化的应有之义。

改革开放40多年来，中国共产党坚持推进国家治理体系和治理能力现代化，勠力良政善治，推动国家发展。广东是改革开放的排头兵、先行地、实验区，改革开放以来党中央始终鼓励广东大胆探索、大胆实践。党的十八大以来，习近平总书记高度重视广东治理，先后多次作出重要指示批示。2018年3月7日习近平总书记在参加十三届全国人大一次会议广东代表团审议时对广东提出了"四个走在全国前列"的明确要求，包括在营造共建共治共享社会治理格局上走在全国前列；2018年10月22日至25日视察广东时强调广东要"加强党的领导和党的建设"，"全面推进法治建设，提高社会治理智能化、科学化、精准化水平"。②

牢记党中央和习近平总书记的殷殷嘱托，长期以来广东各级党委政府聚焦治理体系和治理能力现代化，大胆试、大胆干，各地各部门实施一系列新政策新举措，以创新探索撬动深化改革，以积极作为推动地方善治，取得治理实效、积累工作经验、贡献治理方案，成为中国国家治理现代化的重要样本。

当下，中国特色社会主义进入新时代，国家治理的新需求、新问题与新挑战随之而来。明者因时而变，知者随事而制，党中央统筹布局谋划现代治

---

① 《习近平谈治国理政》，外文出版社2014年版，第104页。
② 《勇当新时代改革开放弄潮儿奋进者》《南方时报》2019年2月16日。

理，习近平总书记要求广东总结好改革开放经验和启示，为新时代推进中国特色社会主义伟大事业提供强大动力。在此背景下，广东既要"回头看"，也要"向前看"，广东推进国家治理体系和治理能力现代化已经做了什么、还应该做什么、接下来怎么做，成为必须回答的重要现实问题。

习近平总书记强调："我们的国家治理体系和治理能力总体上是好的，是有独特优势的，是适应我国国情和发展要求的。同时，我们在国家治理体系和治理能力方面还有许多亟待改进的地方，在提高国家治理能力上需要下更大气力。"① 学习贯彻习近平新时代中国特色社会主义思想和党的十九大精神，以习近平总书记对广东工作一系列重要指示批示为根本遵循，作为党校人，我们坚持党校姓党的根本原则，坚持问题导向和目标导向，将改革开放以来广东推进治理体系和治理能力现代化的积极探索作为解剖现代治理之"麻雀"，着力梳理历史、呈现创新、阐发经验、提供建言，讲好"广东故事"，助力广东实现"四个走在全国前列"、当好"两个重要窗口"。

习近平总书记指出："国家治理体系和治理能力是一个国家的制度和制度执行能力的集中体现，两者相辅相成。"② 广东的治理现代化探索是在始终坚持党的领导不动摇的基础上，对政府治理体系和治理能力的系统推进。本书从政府治理体系改革、政府治理结构调整、政府治理机制创新和政府治理过程优化四个相互关联的维度，系统梳理改革开放以来的广东治理现代化的实践。

第一部分是政府治理体系改革。政府治理体系现代化是治理现代化的基础，目标是推进政府职能转变，职责到位，精简效能。这一部分包括第一章和第二章，侧重探讨政府组织体系的变革。深圳于 2009 年实施的大部门制改革仅用了 39 天，具有开创性和典型性。"深圳市大部门制改革研究"一章对深圳市 2009 年为什么开展大部门制改革，如何开展以及未来向何处去进行了深入阐释。2009 年顺德大部门制改革，以党政联动式改革著称。"顺德区大部门制改革研究"一章对顺德区大部门制改革的背景、过程、影响和未来方向进行了深入研究。

第二部分是政府治理结构调整。结构决定着行为。政府治理结构是否科

① 《习近平谈治国理政》，外文出版社 2014 年版，第 105 页。
② 《习近平谈治国理政》，外文出版社 2014 年版，第 105 页。

学合理，往往决定着政府的整体运作是否顺畅高效。这一部分主要包括第三、四、五、六章，主要是探讨政府治理纵向权力结构的调整与优化。省直管县改革是优化行政层级的尝试，而简政放权改革则侧重赋予基层政府更大的自主权，以保持治理的灵活性。"广东省实行省直管县改革的实践探索"一章着重从宏观上呈现省直管县改革的做法与经验，"广州市特大镇强镇扩权改革研究""东莞市简政强镇改革""汕头市濠江区简政放权改革"三章是典型案例分析，分别探讨了广州、东莞和汕头濠江区简政放权的具体实践。

第三部分是政府治理机制创新。政府治理机制现代化是治理现代化的关键。目标是推进政府治理的上下协力、政企协同、政社协作，进一步提高各层级各部门的积极性，优化分级管理，消解"条块分割"，推进政府、市场和社会的互联互通，提升政府治理的法治性、服务性和效能性。这一部分包括第七、八、九、十章。"省直管县（市）背景下的市县合作机制研究"一章着重探讨上下互动机制创新，"广州市社会治理体制改革的实践与推进"一章着重探讨政社互动机制创新，"深圳市商事登记制度改革"一章着重探讨政企互动机制创新，"中山市流动人员积分制改革与人的城镇化"一章着重探讨政民互动创新。

第四部分是政府治理过程优化。优化政府治理过程的直接目标是提升各级政府和党员干部落实工作的能力，推进贯彻"以人民为中心"的发展理念，不断满足人民日益增长的美好生活需要，不断促进社会公平正义，形成有效的社会治理、良好的社会秩序，使人民获得感、幸福感、安全感更加充实、更有保障、更可持续。这一部分主要包括第十一章和第十二章。"广东省行政审批标准化管理改革"　章着重探讨广东省如何以创新性的思维和举措来规范和约束行政审批权力，从而更好地为企业和群众提供优质高效的服务；"禅城区'一门式'政务服务改革"一章是以禅城区行政服务中心为样本，探讨基层政府如何优化服务，使老百姓办事少跑腿，使其能够享受到更加优质、高效、规范、透明的服务。

无论是政府治理体系的改革，还是政府治理结构的调整；无论是政府治理机制的创新，还是政府治理过程的优化，都是为了提高政府治理能力，都是提升国家治理体系和治理能力现代化的重要环节和应有之义。广东省在政府治理体系和治理能力现代化方面的探索，一方面体现了广东作为改革开放先行地的职责与使命，另一方面也体现了广东对国家和人民的担当与作为。

回望中国共产党成立近百年来中华民族的伟大复兴历程，回首中华人民共和国成立 70 多年来社会主义建设和改革征途，广东始终屹立南方、跟随国家、面向世界。作为先行者和创新者，广东推进国家治理体系和治理能力现代化的脚步从未停下。当下，习近平总书记亲自谋划、亲自部署、亲自推动粤港澳大湾区建设这一国家战略，赋予广东更重使命和更高要求，激发广东以新的更大作为开创工作新局面。可以预见，广东现代化治理的实践探索与改革创新将进一步涌现。我们将继续高举习近平新时代中国特色社会主义思想伟大旗帜，全面贯彻党的十九大和十九届二中、三中、四中全会精神，全面贯彻习近平总书记对广东重要讲话和重要指示批示精神，树牢"四个意识"、坚定"四个自信"、做到"两个维护"，立足广东，扎根实践，深耕理论，探求改革逻辑，传播广东经验，助力国家治理。

目　录
CONTENTS

第四部分　政府治理过程优化

第一部分　政府治理体系改革

第一章　深圳市大部门制改革研究

大部门体制，是指通过部门内部横向分权扩大管理幅度，减少行政层级，实现高效行政的部门组织结构模式。通过部门内部横向分权，构建大部门组织架构，是近年来世界各国政府改革的潮流之一，甚至一度被认为是现代政府科学构建组织架构的基本构成要素之一。随着市场经济改革的纵深发展，如何顺应经济现代化，寻求一种更加符合现代性的政府架构，以及如何更加科学、合理设置组织机构与职能，从而尽可能地提升组织效率一直是我国政府改革的主要方向与重要内容。2019 年是新中国成立 70 周年，梳理改革尤其是广东在大部门制改革中的发展历程，总结经验，分析利弊得失，意义重大。

一、历史背景

尽管"大部制改革"是由 2007 年党的十七大真正明确提出，然而，新中国成立以来，围绕机构进行调整一直是我国政府改革的基本思路，尤其改革开放以来，围绕机构改革进行了七次大力度的调整，譬如 1982 年、1988 年、1993 年、1998 年、2003 年、2008 年和 2013 年，为 2018 年党的十九届三中全会新一轮的大部门体制改革积累了宝贵的经验，并打下了坚实的基础。广东作为改革开放的前沿，以敢为天下先、敢闯敢干的精神，勇挑改革重任，在中国改革开放 40 年历程中写下了浓墨重彩的一笔，更是切实见证了中国改革开放 40 年的翻天覆地的惊人变化。广州、深圳、珠海、中山、佛山等地在改革开放中先行先试、大胆探索、积极尝试，在取得一系列经济效益的同时，行政体制改革方面也成效卓著。此外，广东更是在全国改革中极具典型与代表性，譬如力度最大的深圳大部门制改革，不仅影响深远而且颇具开创性，是研究我国大部制改革过程中无法绕开的重要内容。

深圳，作为我国的经济特区，不仅在经济领域率先进行市场经济改革，敢闯敢干，敢为天下先，政府改革也在诸多方面走在全国前列，承担起了先行地、试验田的功能。譬如，大部门制改革在我国率先进行的尝试便是最早源自2003年的深圳探索。深圳在2003年构建起的涵盖交通、文化、城管、经济等大部门体制，开启了我国各地关于大部门制改革实践之先河。深圳于2009年实施的大部门制改革仅用了39天。此次深圳大部门制改革以权力三分，围绕决策、执行与协办分别设立了委、局、办三级机构。其中，"委"承担决策功能，主要承担政策、规划以及标准的制定及监管等核心决策职能；"局"作为沟通"委"和"办"的中间层级，主要承担执行及执行监管职责；"办"则主责在于协助市长办理专门事项，且不具备独立的行政管理权力。"委"—"局"—"办"大部门制的划分与分工，构建起"委""局"间的"行政合同"制度，并形成"委"—"局"—"办"三者之间的协调与制约关系，而对此进行监督的"监督"部门，则是纪检、监察、审计等部门。总之，深圳此次大部门制改革，效果显著，首先，机构大幅度精简了三分之一。原46个政府部门减少至31个。其次，行政审批事项大幅减少。改革涉及的600多项行政审批事项减少至400项，减少200多项。最后，重新制定"三定"方案，明确职能。由此创下了中国行政改革的一个历史纪录。

二、改革过程

深圳作为我国改革开放的特区，大部门制改革从一定意义上看发端已久，是在前期改革基础上的深化和拓展。

(一) 问题倒逼改革

深圳作为改革开放的特区，一定意义上承担着先行先试、实验探索的职能。在改革探索过程中，深圳自身也面临诸多困境与困惑，譬如深圳特区的身份争论，而这一争论在特区建立初期就已经开始了，诸如有的学者认为深圳的特区身份对于其他非特区地方的发展是不公平的等等，这对深圳的发展造成了诸多不利因素，尤其对一些领导干部而言，易于造成思想包袱，工作中束手束脚，不能放开手脚、大胆尝试。此外，作为特区，在发展过程中，深圳作为市场化程度走在全国前列的开放地区，面临的困境问题也是最多最复杂的，内地发展中面临的困境深圳也不同程度地存在，诸如政府信任危机、执行力提升等，同时，深圳的问题又更具复杂性，加大了治理难度。最后，随着我国加入世界贸易组织（WTO），国际化程度不断加深，对外开放的力度逐渐加大，如何与国际接轨、提升政府效能、合理划分政府边界等问题也逐渐凸显，包括如何处理涉外管理，政府的职能、定位、权限、监管等问题日益复杂，尤其深圳毗邻港澳，如何发挥特区优势，在提升经济效益的同时，行政体制改革创新和政府服务水平提升也是亟须解决的问题。总之，深圳作为改革开放的特区，不仅仅在经济发展方面先行先试，在政府改革过程中由于自身特殊性，也面临先行先试，改革由此拉开帷幕。

（二）改革历程回溯

深圳大部门制改革不仅在全国大部门制改革中具有示范性，在广东也同样具有代表性。对于大部门制，深圳的改革探索最早可以追溯到 2001 年的"行政三分制"探索。2001 年 12 月，恰值我国中央政府力推全国从上到下开展以"深化行政体制改革，创新公共行政体制"为主要内容的地方政府机构改革。这一轮改革中，广东深圳和顺德、福建晋江、浙江上虞以及青岛阳城等地被中央编办作为试点。根据中央精神，结合自身实际，深圳市政府随后提出了"行政三分制"改革思路，并将其草拟为《深圳市深化行政体制改革创建公共行政管理体制试点的意见》。"行政三分制"的提出，标志着深圳在尝试进行大部门制改革中走在了全国前列。同时，深圳在改革实践中，通过践行这一改革理念，通过决策、执行、监督权之间的分设与制约，不仅在组织架构上厘清关系，明晰责权利间的关系，更进一步通过自身尝试性探索，为地方政府在大部门体制改革中贡献了新的智慧。在此基础上，几经周折，不断完善，2009 年 5 月，《深圳市综合配套改革总体方案》获得了国务院批复，由此开启了深圳改革开放以来，力度最大、影响最深的行政体制改革探索与实践模式，即大部门制改革的深圳"行政三分"模式。

（三）最彻底的大部门制改革

深圳的大部门制改革被称为"最彻底的大部门制改革"，足见深圳大部门制改革的力度与速度。然后，纵观改革历程，不难发现，改革之所以能够顺利推行获得成功，究其根源则是其顺应时代与国家变革大势所需。因为，通过回顾，不难发现，真正开启深圳三分制改革的特定时机就是党的十六大和党的十七大。2002年党的十六大召开，大会报告中明确提出了这一时期改革的基本思路和要求。而这一时期深圳的大部门制改革就是根据党的十六大报告的要求，秉持精简、统一、效能的原则，决策、执行、监督相互协调的思路，结合深圳实际进行的大部门制改革探索。改革思路和原则一以贯之，持续推进。2007年党的十七大报告中，再次强调机构改革的思路："转变职能、理顺关系、优化结构、提高效能"。因此，通过大部门体制改革，打破部门内部结构屏障，构建职能优化的大部门体制机制，协调决策、执行与监督，有效划分责权利关系，成为深圳大部门制"行政三分制"改革的基础和目的。根据中央精神，立足深圳，着力解决自身面临的问题，在原初改革思路基础上，不断调整，最终于2009年提出深圳大部门制改革方案，并在实践中掀起了具有全国影响力的深圳市大部门制改革，并形成了深圳大部门制改革模式。

三、主要内容

根据国内外形势和自身发展需要，为了实现机构精简、职能整合、提升效率，大部制改革势在必行。因此，这一时期，从中央到地方、从理论到实践，都在探索如何构建科学、合理、高效的大部门体制机制。大部制成为我国行政管理体制改革的重点与热点。首先，大部制改革在中国共产党全国代表大会报告中的重要内容中被多次提及。诸如党的十七大报告、党的十七届二中全会通过的《中共中央关于深化行政管理体制改革的意见》等都对大部制改革提出了要求。随后，全国各级地方政府根据中央精神，纷纷开展大部门制改革的探索和实践，并形成了各地的诸多大部门制改革模式。其中，深圳模式在全国颇具代表性。深圳大部门制改革也是在不断探索、不断尝试、无数次试错基础上不断深入的结果。譬如深圳围绕大部门制改革进行了不断的摸索，从2002年开始，改革方案几经修改，直至2004年3月，试点方案首次公开，并定名为深圳市深化行政管理体制改革试点方案。随后又不断修改，最终成型。通过回顾不难发现，此次深圳大部门制改革的主要内容如下。

（一）精简机构

整合、精简是大部制改革的重要内容。广东充分彰显了其敢闯敢干、先行先试、积极探索的特区姿态，率先垂范。2007 年，党的十七大明确提出了进行大部门体制改革。随后，全国各地纷纷开始进行相应改革与探索。1980 年，深圳成为中国首个特区。建立特区后，深圳先后进行了八次大规模的行政体制改革。大部门制改革方面，深圳大部门制改革中明确改革的基本思路是给市场松绑，充分发挥市场在资源配置中的作用，激发市场活力，促进经济发展。这也恰恰彰显了中国特色的社会主义之特色——市场经济。经过前期一系列准备工作的铺垫之后，2009 年深圳的大部门制改革实践正式启动，通过大刀阔斧的改革，机构调整、职能整合、部门精简、下放行政审批事权等改革举措在当时产生了巨大的影响，并形成了颇具特色的大部门制改革的深圳模式。

（二）明晰职能

大部门制改革过程中通过两种改革措施明晰政府职能。第一，职能整合，减少政出多头；第二，明确职能，下放权力，从而为政府界定清晰的职责边界。

1. 职能整合，减少政出多头

为了防止职能重复、运行成本过高、监管困难，通过部门内部横向分权，组建大部门，将职能相近的部门进行整合，"合并同类项"，成为大部制改革的重要内容之一。通过合并职能相近部门，尽可能地减少因职能分散、部门分割、多头管理造成的政出多门、互相扯皮、效率低下等问题，是我国当时进行大部制改革的初衷和现实诉求。通过部门内部横向分权，将职能相近的机构进行横向整合，构建大部门体制，打破"块块"桎梏，精简机构、精减人员的同时，下放行政审批事项，切实做到便民惠民，真正实现了为人民服务的行政体制改革初衷。

2. 明确职能，下放权力

为了应对分工而专门设立的部门最容易产生的问题便是机构林立，涉及部门越多，协调起来越困难，易于造成管理碎片化。同时，部门林立、流程过长，影响行政回应性，使得部门间职能重叠、机构臃肿、人浮于事，难以协调，从而造成了很多该管的事情没有"管住""管好"，不该管的事情却多头管理，难以协调，形成"九龙治水"的局面。为了防止政府职能不清晰造成的"缺位""越位"现象，深圳的大部门制改革便是通过"委""局""办"的设立，将决策、执行、监管的权责在上、中、下三个层级间进行明确化，进一步明确了组织架构中每一层级的具体职能，便于各个层级在各自权责范围内各司其职，明确角色与分工。

（三）减少冗员

精简机构、明晰职能，减少冗员也是大部制改革的重要内容。通过构建大部门体制，实现部门内部相近职能机构有效整合的基础上，进一步细化各个层级的角色定位与职能分工，明确各自责权利，科学设置组织人员架构的同时，客观上起到了精简机构、减少冗员的效果。诸如深圳在大部门制改革过程中，通过实施"三定"方案，不仅部门机构、人员大幅度简化和减少，甚至部门内设机构、派出机构、领导职数、公务员、政府雇员、事业单位人员等机构、人员数量也随之大幅度简化和减少，真正实现了"瘦身"效果。

总之，任何组织架构都不是尽善尽美且一成不变的。环境、要素的变化都会导致组织本身的诸多变化。一定意义上，大部制改革是通过组织内部横向、纵向结构的调整，通过权力、机构、人员等组织要素的重组再造组织，从而打破"块块""条块"分割，提升组织效能的过程。因此，大部制改革的理论与现实意义都是显见且深刻的。

四、改革的影响

此次改革之所以能够速战速决，主要是因为在改革前期已经做了大量的工作。为改革的顺利进行，中共深圳市纪律检查委员会、中共深圳市委组织部等部门联合印发了《关于严明纪律切实保证政府机构改革顺利进行的通知》，在编制、组织、人事、财政等方面明确了纪律和规范，这为改革的顺利进行提供了有力的制度保障，进而有助于减少改革中的各种阻力。在一系列前期、后期的严密筹划与制度保障下，此次改革得以顺利完成，且产生了广泛影响。

（一）有助于防止"帕金森定律"

帕金森的研究表明，行政机构冗员的增长和机构的臃肿似乎是与生俱来的。[①] 某种程度上，几乎所有的政府机构都深受冗员的影响。对于组织而言，庞杂的机构和过多的冗员会形成一个恶性循环的怪圈，从而使得整个行政系统管理混乱、难以自拔。与此同时，分工越细，部门会越多；部门越多，分工会越细，从而陷入不断叠加的恶性困局当中，不断形成庞大的机构，提高行政成本，同时，管理碎片化，原有管理程序也被人为切割成段、节等问题随即产生，不仅易于形成实践中的"九龙治水"等现象，而且会滋生出一个日益庞大的机构，从而将不可避免地影响到效率的发挥。如何破解？某种程度上，通过制度创新，构建大部门制，合并相近职能机构，可以有效缓解这一问题。对此，美国、英国在大部门体制改革过程中有过很多成功经验可以借鉴。

（二）有助于职能优化

科学、合理设置职能对于组织架构设置而言至关重要。如何适应发展需要，在原有组织架构基础上，明确合理划分出一个更为符合组织需要的职能结构本身便是职能优化的表现。因此，整合职能优化结构成为大部制改革的重要影响之一。一定意义上，机构精简只是大部制改革的"表"，真正的"里"在于通过整合实现职能优化。

（三）有助于效率提升

组织绩效产生于三个要素的组合：产业或环境条件、决策者对战略的选择（或者战略对决策者的选择）以及支持战略的解构，其中，战略和解构通常反映了组织创建时的条件。[②] 因此，环境的变化会造成的诸多影响，使得原初设置组织之时的诸多要素产生变化，继而影响组织效率。因此，根据变化

[①]　［挪威］斯坦因·U. 拉尔森主编：《政治学理论与方法》，任晓等译，上海人民出版社 2006 年版，第 321 页。

[②]　［美］W. 理查德·斯科特、杰拉尔德·F. 戴维斯：《组织理论——理性、自然与开放系统的视角》，高俊山译，中国人民大学出版社 2011 年版，第 388 页。

调整组织本身对组织效率的提升是必须且必要的。大部门体制改革之大，是通过合并同类项，将职能相近的机构合并在一个部门内部，大的同时减少不必要的重复性的机构与人员设置，通过内部合并，减少运作成本与部门林立产生的"块块"阻隔，提升行政回应性，减少不必要的时间成本和机会成本，优化办事流程，提升运作效率。

（四）有助于构建地方相应的政府管理模式

全国各地根据各自实际在大部门制改革过程中积极探索，形成一条适合自身的地方治理模式。我国地方政府在大部门制改革过程中，根据各自实际形成了各自的探索与改革模式。诸如广东深圳的"行政三分"改革模式、广东顺德党政机构联动模式、湖北随州合并同类项模式、四川成都城乡统筹模式、安徽阜阳专委会制度模式。全国地方大部门制改革中，以这五种模式最为典型。其中，广东独占其二。顺德和深圳的大部门制改革在全国影响较大且颇具典型。广东顺德在前期积累基础上，逐步探索，并在大部门制改革过程中确立了"省直管区"的顺德模式。而深圳的大部门制改革更是具有深远影响，在我国大部制改革实践中颇具典型性，成为我国其他地区此类改革学习借鉴的成功典范。

（五）有助于切实推进政府职能转变，提高工作效率

无论政府改革围绕的核心议题是什么，实质上都是在围绕政府原初职责和基本定位展开的。什么是政府？政府是用来干什么的？这是政府改革中必须首先回应的问题。大部制改革就是为了通过机构、职能、人员调整，简政放权，减少不必要的成本，提升政府运作效率，改革的根本目的是更好地向服务型政府转变，提高行政效率，更多地为人民办事。顺德大部门制改革后，通过构建大保障、大规划、大文化、大监管、大经济、大建设的工作格局，以客户为中心，为服务对象提供一个单一的接触点，将串联审批改造为并联审批，极大地提高了政府部门的工作效率，减少了行政成本，强化社会管理和公共服务部门的设置，解决了只重经济不重社会的问题，实现了从管制型政府到服务型政府的转变。

五、未来方向

不可否认，大部制改革通过部门内部横向分权，构建大部门体制，权力下放，打破"条块"分割，精简机构的同时，提升了组织效率。然而，看到成绩的同时，不容忽视的是，无论是广东的大部门制，还是此前的我国其他地方的大部门制改革都存在以下共通的问题。

（一）主要问题

面对问题，探索未来，意义重大。回顾过去，不难发现，我国大部门体制改革中的问题主要集中在以下几个方面。

1. "条块"分割造成的衔接问题

党的十七大后全国上下掀起了大部制改革，这一时期在一定程度上属于大部门制改革的前期探索时期。地方大部门制改革主要根据各自实际展开，主要由来自地市、区一级的地方政府进行部门探索式改革。尽管改革在突破传统"块块""条块"分割方面进行了各项有意的大胆的尝试，但基于地方性的探索，在破除部门行业，尤其是"条块"分割层面的改革中受制于自身权限制约，很难真正切实有效打破纵向分割造成的诸多屏障，从而地方政府一方面不遗余力力图破除屏障桎梏束缚，另一方面却无力解决自身冗员与内耗问题。这些问题，不仅仅来自广东、来自深圳，也是此轮大部门体制改革过程中各地都存在的共通的问题。

2. 改革成果的延续性

2009 年的大部制改革，是在党的十七大报告的基础上，在上级领导肯定支持的基础上，以地方政策为主导进行的实践探索。譬如深圳的大部门制改革全程得到了中央和省委、省政府高度的关心和支持。中央编办专门成立了工作指导小组多次赴深圳指导，与深圳市共同研究方案的拟订，并在思路、方式、途径、重点、难点等方面进行了反复磋商，并提出了宝贵意见。同时广东省级主要领导也对深圳的改革寄予厚望，多次对此作出重要指示，听取汇报，并亲自协调中央、省有关部门推动深圳政府机构改革。广东省编办积极鼓励，并全力做好与中央编办及省有关部门的协调工作。顺德大部门制改革的成功很大程度上离不开上级领导的肯定与支持。然而，政策性的改革主要相对缺乏更为坚实的制度依据，容易随着政策本身的变化，甚至领导层的变动产生变化，相对较为脆弱，这是改革中需要注意的问题。因为，改革本身就是一项长期的系统工程，连续性、连贯性对于改革本身是否能够真正实现意义重大。

3. "简政"与"放权"不同步

为政府"瘦身"，为政府减负，简政放权，让政府退出不该管或无须管的行业和领域，提升行政效率的同时，服务人民，这是我国进行大部制改革的目的与初衷，从而切实实现经济学家林毅夫所言的"政府要有为而非乱为的有为政府"状态。因此，肯定前期改革成效的同时，还应注意目前简政放权改革仍待进一步推进，权力仍须下放。简言之，"简政"的同时，必须"放权"。目前，大部制改革通过部门内部横向分权、行业间纵向分权，力图通过改革，打破"条块"分割；然而，实践中往往"简政"与"放权"没有同步，践行"简政"的同时，"放权"改革仍待进一步推进。当前，二者没有同步，使得改革中出现了如下问题。

一方面，"放权"不到位形成"有为"政府的同时，存在"大政府""强政府"，甚至"全能政府"出现的可能性，同时，政府干预过多会限制基层治理能力的释放与创新。另一方面，尽管多次进行放权改革，政府手中握有的行政审批权数量仍然很大。譬如 2013 年以来，我国在简政放权改革方面取得了一定成绩，无论是中央部委"瘦身"改革，还是各级地方政府"一站式、一门式、一网式"服务、"不见面审批"、"最多跑一次"等探索实践方面。就数量而言，近年来也是成效显著。然而，放权改革仍须进一步推进。总之，简政放权道路任重道远。

（二）改革思路

改革一定意义上也是一个不断积累逐步生成的过程。及至今天，我国已经进行了八次大部制改革。从最初对于什么是大部制；哪些部门行业、哪些地区领域适合进行改革；大部制可能出现哪些可见或者潜在的困境等，从大部制的内涵边界到大部制的外延领域都进行了不断的探索与追问。当前，大部制改革取得成绩的同时，仍存在一些不足，因此，为了进一步完善改革，针对问题，寻求解决之道，极为重要。

1. 加强顶层设计，强化统筹改革

党的十八大以来，中国大部制改革进入内涵式改革攻坚区，要以实现国家治理体系和治理能力现代化为目标，加强改革顶层设计。① 实现"自上而下"的改革。

改革开放以来，根据国内外形势的变化，我国也在实践中不断对行政体制进行相应调适。改革开放之初乃至相当长的时间内，我国政府机构改革的着力点在于防止冗员，譬如1982—2003年，这也是针对这一时期相对较为突出的问题提出的改革思路。2003年起开始提出转变政府职能，并逐渐向纵深发展，也更加注重改革过程中顶层设计的重要性。2007年，在党的十七大报告中明确提出大部门体制的改革思路，2012年11月，党的十八大报告再次提及大部门体制改革，并在前期基础上更加细化了改革的具体思路。及至2017年10月，在党的十九大会议上，习近平总书记更加明确了我国大部门体制改革的蓝图，具体提出了大部门体制改革的重点、关键与核心。可见，我国的大部制改革也是自上而下不断深入明确细化的过程。其中，中央的顶层设计对于改革而言，意义重大。党的十九大报告从顶层高度明确规划了大部门体制改革的具体思路。随后，大部门体制改革在党代会报告顶层设计下开始有序展开：2018年2月28日，中国共产党第十九届中央委员会第三次全体会议审议通过《中共中央关于深化党和国家机构改革的决定》；2018年3月21日，中共中央印发《深化党和国家机构改革方案》，并以通知的形式要求各地区、各部门结合实际认真贯彻执行。

可见，这次改革是在过去改革的基础上，总结经验与不足，尤其针对现存问题提出的改革方案。同时，这次改革较之以往的改革，在更加强调改革中顶层设计的同时，明确了"党是领导一切的"这一改革依据与改革原则。在此基础上，广义上界定公权力，扩大了改革的覆盖面，有助于统筹党政机构在改革过程中极易出现的问题，有助于破解以往改革过程中的各种"瓶颈"与难题，有助于权责明晰，有助于优化资源配置。

---

① 冯贵霞：《党的十九大后新一轮大部门制改革的内容与特点》，《理论与改革》2018年第4期。

2. 转变政府职能

协调、高效、有序是现代国家治理体系的基本构成和要求。通过部门内设机构、职能、人员等要素关系的调整，优化组织职能内部结构是大部制改革的题中应有之义，也是过去改革中仍待进一步完善的方面。对此，党的十九大以来的各项要求表明，本次改革主要依据功能展开，根据因事设职的组织基本原则，对相近职权的职能进行整合与统一。根据功能隶属关系进行调整，采取归口管理。诸如组建自然资源部、生态环境部、农业农村部、文化和旅游部、应急管理部、国家粮食和物质储备局、国家林业和草原局；将司法部和国务院法制办公室职责整合，重新组建司法部；在原国家知识产权局职责基础上，整合原国家工商、质监等机构，组建国家市场监督管理总局。此外，根据新时代的新变化和新要求进行职能整合，譬如新组建农业农村部、科学技术部、国家卫生健康委员会、退役军人事务部、国家国际发展合作署和国家移民管理局等。

3. "放权"改革

提高行政效率，是我国历次大部制改革都在着力解决的问题。无论是过去不断强调的政企分开、政社分开，加快职能的转变，向市场和社会放权，减少对微观事务的干预，减少行政审批事项，以事后监督来确保行政效率；还是机构精简、减少冗员、降低成本、提升效率、增强行政回应性、提升政府公信力和执行力，建设服务型政府，都与权力划分与运作密切相关。因为，改革的目的都是在降低行政成本的同时，提升行政效率。而我国的国情决定了，效率的高低在某种程度上取决于能否理顺"条块"关系。只有把决策权下放到基层，才能掌握真实可靠的信息，并有助于组织及时准确应对外界环境的各种变化，以解决科层组织应变能力刚性化的缺陷。而过去大部制改革中，相当问题的产生恰恰因为停留在"简政"这个组织重组层面，忽视了"放权"激发组织效能的根本，尤其对于地方基层改革而言，这一点尤为重要。与其零敲碎打，不如通盘规划，因为只在局部性上做文章，改革不可能完全到位，因此，对于大部制改革，我们应该有一个站位很高的全面谋划。[①]尤其面对主要矛盾已经发生变化的新时代，要切实实现习近平总书记提出的

---

① 许耀桐：《英法美大部门制改革路径借鉴——大部门制改革路径探析》，《决策探索》2013 年第 8 期。

建设人民满意的服务型政府，必须真正切实进行"放权"。因此，党的十九大报告对未来改革进行明确的部署，通过赋予省级及以下政府更多自主权，在省市县对职能相近的党政机关探索合并设立或合署办公，深化事业单位改革，强化公益属性，推进政事分开、政企分开、管办分离等，切实实现从管理到治理的转变，切实实现国家治理体系和治理能力现代化的改革目标。

　　总之，从2007年大部制作为重大改革举措在各领域地区重点实行至今，历经了十余年。其间，关于大部制改革我们也积累了丰富的经验与教训。因此，在前述改革基础上，不断调整，2017年党的十九大报告对于未来中国改革蓝图提出了重大布局，新时代、新思想、新方略、新要求。不难看出，党的十九大报告乃至随后一系列相关的制度化安排，都是针对此前大部制改革中的不足提出的改革思路。正如习近平主席在2018年新年贺词时所言："2018年，我们将迎来改革开放40周年。改革开放是当代中国发展进步的必由之路，是实现中国梦的必由之路。我们要以庆祝改革开放40周年为契机，逢山开路，遇水架桥，将改革进行到底。"①

---

　　① 《习近平主席新年贺词（2014—2018）》，人民出版社2018年版，第4页。

第二章 顺德区大部门制改革研究[*]

党的十九大报告指出，要在省市县对职能相近的党政机关探索合并设立或合署办公。党的十九届三中全会通过的《中共中央关于深化党和国家机构改革的决定》（以下简称《决定》）和《深化党和国家机构改革方案》（以下简称《方案》）也规定，要统筹设置党政机构，推进党的纪律检查体制和国家监察体制改革。从理论上来说，党的十九届三中全会所部署的党和国家机构改革是一次党政联动式改革。一般而言，广东顺德较早推动了党政联动式改革，引起的反响也最大，曾被有些学者形容为"石破天惊"。那么，顺德的机构改革是如何开展的？其成效又怎么样？可能存在着哪些问题？又应该采取什么举措来推进呢？回顾顺德大部门制改革的历程，总结其中的经验教训，有利于党和国家改革的深化与进一步开展。

一、顺德大部门制改革的背景与条件

（一）历史背景：顺德行政改革的历程

2009 年顺德大部门制改革以前，顺德的行政体制改革主要可以分为以下四个阶段。

1. 探索阶段（1978—1991 年）

这一阶段主要是以经济体制改革为主，行政体制改革方面还没有涉及政企分开和政府职能转变的问题，主要是进行了一些简单的政府机构增减、撤

---

* 本章参考了陈家刚：《党政联动式改革的样本：顺德大部制改革研究》，《广东行政学院学报》2018 年第 3 期。

并工作，所以行政体制改革还处于摸索起步阶段。

1978 年，党的十一届三中全会召开，揭开了我国改革开放的序幕。顺德抓住这一机遇，在改革开放方面，尤其是在冲破传统的计划经济体制的束缚方面，进行了勇敢的探索。顺德通过一系列简政放权的举措，激发了市场活力，在一定程度上解放了生产力，从而使顺德经济飞速发展。顺德工农业总产值由 1978 年的 16.3 亿元增加到 1992 年的 175.1 亿元（按 1990 年不变价计算），其中工业产值所占的比例由 49.7% 上升到 92.3%；"三资"企业从无到有，到 1992 年已超过 800 家。

特别是 1982 年，国务院进行机构改革之后，顺德按照党中央、国务院有关政府机构改革的精神和上级的部署，从 1984 年开始，进行了改革开放以来的第一次机构改革，重点调整了政府领导班子，同时，按照干部"四化"方针，建立正常的干部离退休制度，并对政府机构进行了一些精简和撤并。虽然顺德行政改革迈出了可喜的步伐，但并没有触及与计划经济相适应的整个行政管理体制。1984 年 4 月之后，为了满足发展有计划商品经济的需要，又增设了不少政府机构。到 1987 年，顺德的常设机构和 1984 年相比，不仅没有减少，反而增加了；政府工作人员也由 1984 年改革后的 900 多人增加到 1200 多人。

同时，顺德经济发展仍然是属于"政府主导型的发展模式"，许多工业企业的发展都离不开县、镇两级政府的支持。许多工业企业一方面要靠县、镇两级政府直接投资或提供贷款担保，通过负债经营发展起来；另一方面也要靠政府减免税收和税前还贷等优惠政策发展起来。这种发展模式在顺德发展早期取得了很大的成功，有助于缓解工业化起步时资金不足、市场发育不全的矛盾。但是，这种发展模式也带来了政企不分、政府职能错位等弊端。因此，要克服这些弊端，进一步推动顺德经济发展，就需要进一步深化顺德行政体制改革。

2. 推进阶段（1992—1994 年）

这一阶段顺德进行了综合改革，在行政体制改革方面也迈出了很大的步伐。顺德行政体制改革以政府职能转变为核心，从改革产权制度入手，从根本上理顺政企关系，实现政企分开、政资分离，从而初步建立与社会主义市场经济体制相适应的行政体制。

1992 年春，邓小平同志发表南方谈话，并第二次到顺德视察，在充分肯定顺德改革开放所取得的巨大成就的同时，鼓励他们思想要更解放一点，胆子要更大一点，步子要更快一点。随后，广东省委、省政府决定将顺德作为全省综合改革试验市，要求顺德在社会经济各个方面的改革都先行一步。顺德抓住这一机遇，在同年 5 月初就提出了推进综合改革、科技振兴经济、基础设施建设、城乡建设、教育、社会治安、社会保障、精神文明建设 8 项系统工程。5 月底，顺德向中共广东省委、广东省人民政府提交了《关于顺德市开展综合改革试验、加快经济发展的请示》。9 月 17 日，广东省人民政府作出了《关于支持顺德市开展综合改革实验、加快经济发展步伐问题的批示》，进一步强化了顺德市的 9 项管理权，赋予顺德在综合改革方面更大的自主权。同年 10 月，党的十四大明确了建立社会主义市场经济体制的改革目标，顺德推进综合改革的目标也更加坚定、更加明确。

1993 年年初，顺德率先进行了新一轮行政体制改革。在同年上半年，顺德就基本完成了市、镇两级党政机构改革，建立起一套"一个决策中心、五位一体"的市领导体制；同年下半年顺德又全面开展了以产权制度改革为核心的企业改革，社会保障制度改革，完善以土地承包制为重点，同时改革村民委员会建制调整区划设置和推行股份合作制"三位一体"的农村改革。截至 1994 年年底，顺德基本完成了以上各项改革。

3. 完善阶段（1995—1999 年）

这一阶段顺德行政体制改革的重点是通过制度化和规范化建设，一方面促进新体制能够逐步正常运转；另一方面加快其他配套改革，从而健全和巩固新建立的行政管理体制。顺德经过三年时间的改革攻关，基本上建立了与社会主义市场经济体制相适应的行政管理体制。但是这一套体制还存在不健全、不完善的地方。所以，从 1995 年开始，顺德又着手对前期的改革进一步规范和完善，于是顺德提出了"六个行政"（即依法行政、规范行政、高效行政、透明行政、服务行政、廉洁行政）的理念，开展了"三为服务"（即为改革开放服务、为经济建设服务、为群众服务）活动。同时，顺德在市属机关单位全面推行政务公开制度、政府采购制度、招投标制度和收支两条线制度。

此外，1999 年 8 月，顺德市委、市政府还全面推进镇级机构改革，不仅规范了各镇党政群机构设置和人员配备，建立了新的镇级公有资产营运和管理体系，还建立了新的财政收支体制和镇级机关干部分配分级制度，并采取分流、提前退休、遣散辞退等办法，妥善处理了机关冗余人员。

4. 发展阶段（2000—2009 年）

这一阶段主要是进一步深化行政体制改革，按照决策、执行和监督相协调的原则，解决行政执法方面存在的问题。经国务院法制办公室批准（国法函〔2000〕143 号），广东省人民政府于 2000 年决定在顺德市开展相对集中的行政处罚权试点工作。其目的主要是解决行政执法过程中存在的多头执法、职权交叉、重复处罚、效率低下、执法扰民和行政执法机构臃肿、执法不规范等问题，促进依法行政，提高行政执法效率和水平，建立一支高素质的行政执法队伍。

2001 年 4 月，顺德成立了行政执法局，负责在市人民政府规定的职责范围内的行政执法工作。其主要职责是集中行使城市规划管理、城市绿化管理、市政管理、市容环境卫生管理、环境保护管理、工商行政管理、公安交通管理等方面法律、法规、规章规定的有关行政处罚权。市行政执法局同时加挂市行政执法大队牌子，在各镇（区）设行政执法中队。市执法局的人员编制在现有行政编制中调剂解决；执法中队的有关执法人员参照《国家公务员暂行条例》管理。市行政执法局的经费由财政核拨，在执法过程中依法收缴的罚款、没收违法所得或没收非法财物拍卖的款项，则必须按照"收支两条线"制度的规定全部上缴国库。

（二）现实条件

1. 经济条件

一般认为，广东省是中国改革开放的先行地，而顺德则历史性地成为广东省经济改革的开路先锋。20 世纪 80 年代，顺德地区敢为人先，率先探索出经济发展的"顺德模式"；随后，90 年代顺德又率先开展以产权制度改革为核心的综合配套改革。正因为改革的带动作用，顺德的经济发展长期居于县级市前列，从 2000 年起连续四年位列全国百强县之首。但是，改革开放 30 年后，顺德新旧矛盾相互交织，特别是受县级传统体制机制的掣肘，发展显露出一些疲态，全国百强县"龙头老大"的地位从 2005 年起也拱手让人。①
所以，顺德市为了进一步发展，必须再次大胆实施改革，争取为经济发展带
来新的活力。

2. 自身面临的一些问题

21 世纪以来，顺德的经济发展面临一些新的问题，与此同时，顺德市政
府管理体制方面的问题也显现出来。有人就指出，传统的政府架构存在着三
大问题："一是政府内部各个部门间职能交叉，多头管理问题严重；第二，在
党政系统中，职能重叠，如组织部与人事部、宣传部、文化部和广电局等；
第三，在政府和社会的关系上，政府和社会组织没有分化。"② 马克思主义认
为，经济基础决定上层建筑，上层建筑反作用于经济基础。所以，传统的政
府架构方面的问题一方面是由经济基础所决定的，另一方面也可能会对经济
社会的发展产生一定的推动或阻碍作用。如果传统的政府管理体制已经阻碍
了经济社会发展，那么，它就必须进行改革，以进一步适应和推动经济社会
向前发展。

3. 领导层的密切关注

顺德大部门制改革之所以能够开展，当然还与领导层的关注密切相关。
据说，2008 年 8 月 16 日，广东经济体制改革研究会会长黄挺在广东省体制改
革务虚会上发言，以 20 世纪 90 年代顺德产权改革为例说明广东省在体制改
革方面曾引领全国。这引起了时任中共中央政治局委员、广东省委书记汪洋
的高度关注。随后，2008 年 10 月，顺德地区就被中共广东省委确定为广东省
落实科学发展观试点单位，并且由汪洋同志亲自联系。10 月 15 日晚上，省委
办公厅就要求时任顺德区委书记的刘海准备汇报 1992 年、1999 年顺德两次改
革的情况。16 日，汪洋同志到顺德视察并听取汇报。在一个月后的特区工作
会议上，顺德又被广东省委确定为县区行政体制改革的试点单位。③

4. 顺德自身的地位

当然，顺德之所以能够进入广东省委决策层的视野，也与顺德自身所具

---

① 王楚、贺林平：《广东顺德大部制半年观察：官员称实现软着陆》，《决策探索（上半月）》
2010 年第 5 期。

② 《2009 年顺德大部制改革纪实》，《广东史志》2013 年第 2 期。

③ 《2009 年顺德大部制改革纪实》，《广东史志》2013 年第 2 期。

备的各方面条件和特征密切相关。汪洋同志曾经高度概括地指出："传统的发展模式遇到的挑战，在顺德最早；破解发展难题的能力，顺德最强；实现科学发展的影响，顺德最大。"① 所以，顺德市能够试点大部门制改革，不仅仅因为其所面临的各种问题具有代表性，还因为其解决问题的条件具有可行性，更因为顺德的示范地位和价值具有引领作用。因为如此，汪洋同志在特区工作会议上一共 4 次点了顺德的名，并确定顺德和深圳一起，代表广东承担行政体制改革试点的任务。②

二、顺德大部门制改革的具体举措

根据 2009 年出台的《佛山市顺德区党政机构改革方案》，顺德地区大部门制改革的举措主要包括六大方面。③

（一）加快政府职能转变

顺德此次改革的精神主要是进一步强化"市场监管、社会管理和公共服务"职能。具体来说就是：第一，在市场监管方面，要"创造良好发展环境"；第二，在社会管理方面，要实现向"以鼓励社会各方参与的公共治理"模式的转变；第三，在公共服务方面，要提供更多的"社会性公共物品"，尤其是要提供优质的公共服务，最终实现基本公共服务均等化。

（二）优化整合组织机构

本次顺德大部门制改革的突出特点就是统筹优化党政机构设置。一是对职能相近或相似机构进行整合，合署办公的模式得到推广。例如，党委办公室与政府办公室、区委宣传部和文体旅游局、区政法委和司法局都是合署办公。二是大幅精简党政部门。通过这次改革后，顺德区党政机关从 41 个减为 16 个，其中包括 1 个纪律检查委员会机关、5 个党委工作部门、

---

① 《2009 年顺德大部制改革纪实》，《广东史志》2013 年第 2 期。
② 张鑫璐：《广东顺德大部门制改革"五步曲"》，《中国青年报》2011 年 6 月 8 日。
③ 《佛山市顺德区党政机构改革方案》（粤机编〔2009〕21 号）。

10 个政府工作部门。

（三）创新运行机制

总体上，要按照"决策民主化和扁平化、执行集中化和统一化、监督外部化和独立化"的原则，建立党政决策权、执行权、监督权既分工清晰又统一协调的高效运行新机制。首先，按照党的民主集中制原则和效率与民主相协调的需要，建立民主科学的区党政决策机制，区全局性重大决策权集中由区联席会议行使。其次，由党政大部门集中统一执行区联席会议的决策。最后，区纪委（区政务监察和审计局）负责对党政大部门的工作进行纪律和绩效监督。

（四）理顺责权关系

按照权责一致、责权利统一的原则，首先重点梳理和解决部门间职责交叉和关系不顺问题，随后通过制定部门"三定"规定，从而明确各部门职责和权限。当然，对于确需多个部门管理的事项，处理的方式是，首先分清主办和协办关系，然后明确牵头部门，从而加强协调配合形成工作合力。

（五）推进配套改革

这包括推进事业单位分类改革，深化镇级行政管理体制改革，实行"强镇扩权"，深化社会管理体制改革，深化财政管理体制改革，调整区、镇（街道）税收分配机制，建立完善区级党政机构、镇（街道）效能监督考核体系，建立和完善人员编制的动态调整机制等。

三、顺德大部门制改革带来的绩效产出

（一）政治绩效

顺德大部门制改革被赋予示范区和试点单位的角色，通过顺德的试点，为其他地区和单位提供改革的经验。那么，事实上效果如何呢？顺德大部门制改革半年多以后，2010 年 6 月，佛山市禅城、南海、高明、三水四区按照

顺德模式开展大部门制改革，四个区的政府机构的数量由原来的40—50个统一精简为16个，而且也采取党政合署办公，基本复制了顺德模式。随后，2010年11月，中共广东省委办公厅、广东省人民政府办公厅联合发文《关于推广顺德经验在全省部分县（市、区）深化行政管理体制改革的指导意见》，让顺德经验在广东省得到迅速推广。截至2012年年底，广东共有29个县（市、区）不同程度地复制了顺德大部门制改革的经验和做法。[1] 不仅如此，顺德大部门制改革的经验也对国家层面的改革产生了一定的影响。原佛山市委书记刘悦伦曾表示："国务院这一次的改革方案很大程度上吸取了广东经验，包括佛山经验、顺德经验。此次国务院机构改革方案和职能转变方案前，中央首先是到广东进行调研，派人去了佛山、去了顺德。几个调研组把广东的经验带了回来，把广东比较成熟的东西纳入了国务院机构改革当中。"[2]

（二）经济绩效

首先，顺德大部门制改革后，将政府职能重点放到促进科学发展和改善民生上，先后出台和完善了社会发展规划、文化产业发展规划、城市总体规划等，并制定了新的科学考核标准体系。例如，区经济促进局实现了对三大产业进行统筹发展、协调管理的格局，使科技、农业、经贸"三位一体"，推出了诸如"龙腾计划"等一批重大产业政策，促进产业融合发展。其次，顺德大部门制改革也促进了经济发展。顺德大部门制改革之前的四年里，地区生产总值的增长率都维持在20%左右，只是在2009年急剧下降为14.1%。2010年顺德进行大部门制改革后，经济发展速度虽然有所下降，但也保持了较为稳定的增长，大部分时间维持在8%左右，经济增长速度高于全国GDP增长速度，所以大部门制改革对于顺德的经济社会发展也起到了一定的促进作用。

（三）社会绩效

一是顺德大部门制改革后，注重解决民生实事。例如，区民生相关部门

---

① 徐晓全：《国家治理体系现代化视域下县域大部门制改革的推进方向——以广东顺德大部门制改革为例》，《领导科学》2014年第26期。

② 王广永、何涛、徐靖：《国务院机构改革吸收顺德经验》，《广州日报》2013年3月11日。

集中各方面力量，在解决老百姓看病难、停车难、养老保障等民生问题方面取得了一些实质性突破；区国土城建和水利局整合国土、水利、建设等各方面资源优势，有效推进了城乡建设，特别是在配合推进区域重大交通设施建设方面取得了一些重大成果。二是顺德大部门制改革的效果也得到了办事群众的高度认可。对在区行政服务中心办理业务的市民进行的问卷调查显示，在受访者中，19.0%的人对本次业务办理过程表示非常满意，52.4%的人表示满意，表示一般的人占23.9%，而3.2%和1.5%的人则分别表示不满意和非常不满意。所以，大多数受访市民对业务办理的服务是满意的。① 所以，顺德大部门制改革一方面为老百姓办了实事，另一方面也得到了群众的广泛认可，获得了良好的社会绩效。

四、顺德大部门制改革面临的困难

（一）"上下对接"难题待解

顺德大部门制改革是党政领导体制改革的一次重要试点，走在前列的试点改革意味着它是单兵突进式改革，所以就会面临很多"上下对接"的难题。很多研究者对此都有深刻的揭示。② 首先，从对上的关系来看，出现了一对多的局面。例如，新组建的区社会工作部，其对口的上级部门竟达35个。这是由于此次改革只局限于县级政府层面，省级和市级层面并没有进行相应改革，所以，在纵向上就会出现一个下级部门对接多个上级部门的问题。这造成的后果是下级部门难以应对上级部门。尽管省委、省政府对顺德改革给予了很多政策支持，但是传统体制的固有惯性以及实际工作中不可避免的摩擦仍然使这一问题变得难以解决。③ 其次，从对下的关系来看，出现了交叉错位的情

---

① 黄冬娅、陈川慜：《地方大部门制改革运行成效跟踪调查——来自广东省佛山市顺德区的经验》，《公共行政评论》2012年第6期。

② 王楚、贺林平：《广东顺德大部制半年观察：官员称实现软着陆》，《决策探索（上半月）》2010年第5期；黄冬娅、陈川慜：《地方大部门制改革运行成效跟踪调查——来自广东省佛山市顺德区的经验》，《公共行政评论》2012年第6期。

③ 徐晓全：《国家治理体系现代化视域下县域大部门制改革的推进方向——以广东顺德大部门制改革为例》，《领导科学》2014年第26期。

况。改革前，镇街与顺德市各部门的对应关系是清晰的。改革后，各科室的对应关系一时难以理顺。区与镇街、村居职责重点、权力边界、结构定位方面等并不完全清晰，存在着模糊不明的区域。再次，执法主体资格的对应关系问题。大部门体制改革导致传统执法主体身份的变化。例如，地税局与财政局合二为一，地税局的原税务执法人员就成了财税局的执法人员。但是国家规定，企业所得税、营业税等由地税局负责征收，但如今地税局已不存在。此时的执法人员应该以怎样的身份执法？这就涉及与上位法的对接问题。这一问题应该如何解决，最终还是需要通过顶层设计来实现。①

（二）政府职能未根本转变

顺德大部门制改革的根本目就是实现政府职能的根本转变。但是，事实上要实现这一目标并非轻而易举。顺德区委区政府副秘书长李允冠就曾表示，改革之后，"政府职能转变尚未到位，越位、缺位和错位的问题还一定程度存在，公共决策的民主化水平不高，公共事务的社会参与度较低，对公共权力的制约和监督有待加强"②。对顺德大部制改革所做的跟踪者调研也证明了这一点。"政府与社会组织之间权责划分不清，政府对社会管理仍'大包大揽'，提供的服务越来越难以满足多样化和个性化的社会需求"等方面，都是需要进一步解决的问题。③ 所以，完成转变政府职能的任务，不可能一蹴而就，大部门体制改革也不可能毕其功于一役。

五、启示：中央精神与深化改革的方向

2009 年顺德大部门制改革是我国行政体制改革方面的一次重要探索。该项改革在实施后多年时间里所遭遇的反弹，以及在广东省推行过程中所遭遇的巨大阻力都表明，大部门制改革还有很多工作要做。顺德大部门制改革面

---

① 王楚、贺林平：《广东顺德大部制半年观察：官员称实现软着陆》，《决策探索（上半月）》2010 年第 5 期。

② 慈冰：《顺德大部制"有限改革"》，《财经国家周刊》2014 年 3 月 2 日。

③ 佛山市联合调研组、中共佛山市委政策研究室编：《关于顺德大部门制改革和社会体制综合改革的跟踪调研报告》，《动态与研究》2012 年第 3 期。

临的难题表明，在新一轮的地方党和国家改革过程中，仍须着重处理好以下三个问题。

（一）加强改革的理论支撑

顺德大部门制改革总体上还是从简政放权、转变政府职能出发来开展的，但这并不足以指导改革的深化。更深入的改革不仅需要对政府职能进行研究，还需要对政党，尤其是执政党的职能进行研究，才能够让整个政权机关廉洁而高效地运转。《决定》表明了中央的改革决心与远见卓识，从党政领导体制层面来推动长期以来难以解决的机构改革难题，实际上已经触及政治体制改革的深层次问题。《决定》提出，加强党对各领域各方面工作领导，是深化党和国家机构改革的首要任务。在新一轮的大部制改革中需要着力解决的是党的领导职能如何落实才更好。而要回答这一问题仍然需要深入思考政党的职能问题。

（二）探索改革的适用条件

顺德大部门制改革的做法是否具有可复制性？是否可以进一步推广？如何进行推广？这些都是值得探索的问题。顺德大部门制的模式能否广泛推广，无论在理论上还是实践上都存在着一定的争议。顺德大部门制改革只有通过不断实践探索，不断在探索中健全和发展，并取得良好的社会绩效，才可能获取更为广泛的支持与认可。

（三）改革的顶层设计与细化实施

顺德大部门制改革还是较小范围内的改革，如果从顶层设计的角度来完善改革，则至少需要做好以下几方面工作：一是立法衔接。党的十八届三中全会通过的《中共中央关于全面推进依法治国若干重大问题的决定》指出，实现立法和改革决策相衔接，做到重大改革于法有据、立法主动适应改革和经济社会发展需要。[①] 进一步的改革应按照法定程序获取授权或者先行修法为改革提供支持。党的十九届三中全会和十三届全国人大一次会议通过的文件，

---

① 《中共中央关于全面推进依法治国若干重大问题的决定》，《中国法学》2014 年第 6 期。

为新一轮大部门制改革提供了顶层设计。但是其中可能涉及的法律法规修订问题，还需要依法依规，按照法定程序，提供进一步的法律保障与支持。二是要做好组织衔接。顺德大部门制改革的单兵突进，势必打破原有的组织结构。所以，深化改革需要充分考虑这一点，统筹谋划组织结构的上下衔接问题。党的十九届三中全会和十三届全国人大一次会议对党和国家机关改革的谋划，为上下衔接问题提供了顶层设计，接下来就需要在具体执行的过程中，协调各方关系，贯彻实施好顶层设计，做好组织结构的上下左右衔接问题。三是要做好改革的人员衔接问题。大部制改革后，"多个执法部门整合后，产生法律依据不统一、执法编制不统一、执法程序及标识不统一等问题，执法车辆、服装、证件、文书各自不同，影响行政执法的权威性，不利于综合使用执法力量，也让群众感到困惑"①。所以，在顶层设计之时应充分考虑人员的衔接问题。这实际上也是机构衔接之后的另一个相关问题。在顶层设计之后，细化实施方面，人员的转隶衔接等问题也应该予以高度重视，否则可能会削弱改革的成效。有了科学的顶层设计和严格有力的分层对接，党和国家机构改革才会更加顺畅，才会取得更大的成效，才可能取得最终的成功。

---

① 佛山市联合调研组、中共佛山市委政策研究室编：《关于顺德大部门制改革和社会体制综合改革的跟踪调研报告》，《动态与研究》2012 年第 3 期。

第二部分　政府治理结构调整

第三章　广东省实行省直管县改革的实践探索

一、改革背景

所谓省直管县改革，是指将市管县体制下的县交由省直接领导的政府改革。市管县体制是指以地级市为中心，将周围若干县作为下级行政单元对其实施领导的行政建制。[①] 1982 年，中共中央颁发 51 号文件《改革地区体制，实行市领导县体制的通知》，此后在全国推行市管县体制，至 1988 年，广东省全面推行市管县体制。全国推行市管县体制是在计划体制这个大背景下进行的，20 世纪 80 年代初计划体制虽然有所松动，但市场化改革还未真正启动，政府职能还没有从全能型政府模式中摆脱出来，在这种背景下，与地区体制相比，市管县体制更有利于运用行政力量推动改革，加强城乡统一治理，统一区域市场，推动商品经济发展。市管县体制在强化中心城市的扩散效应，解决地区机构重叠、地市矛盾，打破城乡分割、"条块"分割的格局，密切城乡关系，促进区域市场的统一等方面有着积极的推动作用。

随着改革的推进和行政生态的变化，市管县体制在实施中存在的问题越来越突出，面临着诸多体制性的困境。

一是市县利益冲突明显。虽然市管县体制打破了城乡分割、"条块"分割，克服了地市并存造成的矛盾，但又出现了比地市矛盾更为复杂的市县、区县之间的矛盾，市县形合神离，内耗严重，特别是行政区与经济区的矛盾越来越明显。多数设立的地级市起点较低，存在城市基础较弱、经济实力弱等先天不足，出现了市与县争资源、争资金、争人才、争项目的现象。以广

---

① 王玉明：《试论广东实行省管县体制的必要性与实现路径》，《岭南学刊》2009 年第 4 期。

东汕尾市为例，某大型电子企业本想在工业基础较好的海丰县投资设厂，却被汕尾市拉回自己的工业园区。那些经济落后的地级市往往依靠行政权力，向所辖县事权下移，对所辖县截留资金，所辖县敢怒不敢言。广东省里规定"四税"的分成比例省县为 4:6，而市里拿走 20%（也就是比例变为 4:2:4）。① 相反，地级市不能兑现省里关于转移支付中规定的配套资金比例。地级市将一些本应该自己承担的公共事务推给下面县政府，造成基层政府事权与财权的严重不对称。

二是妨碍县域经济发展。在市管县体制下，县级政府缺乏自主权，县级政府管理权限较弱，行政和财政权力相对集中在市级政府手中，压缩了改革发展的空间，在一定程度上影响了县域经济的发展效率。比如广东的顺德原来是独立的市，后来撤市设区，并入佛山后，其事权、财权被削弱，发展空间受到较大制约。在市领导县体制下，市政府的工作重心放在城区，受重视的是工业，而不是农业。县域在财政资金的分配中缺乏自主地位，市级政府利用权力优势，上收财权，下沉事权，有的地市成了县财力的"抽水机"，县级财政处于"小斗进，大斗出"的尴尬境地。② 随着县域经济的发展，对相应的行政管理权和社会服务职能提出了新的要求，迫切要求推进省直管县体制改革，扩大县级政府的财权、事权。

三是影响区域均衡发展。市管县体制下普遍存在重城市轻农村、重工业轻农业，结果市管县不仅没有缩小城乡差别，反而加剧了这种差别。以广东为例，虽然经济发展领先全国，但省内区域发展极不平衡，城乡差距大，珠三角地区和粤东西北地区的区域发展严重失衡。广东非珠三角地区 12 市中心城区"小马拉不动大车"现象突出，中心城区的人口数量、GDP 和财政收入在全市的占比都不高，人口和生产要素难以聚集，公共服务和社会管理能力不足，难以承担辐射和带动作用。从广东来看，汕尾、云浮是中国市管县体制弊端的缩影。广东要实现全面现代化，就必须有效推进县域经济的发展，对县级政府进行简政扩权。③

---

① 王玉明：《试论广东实行省管县体制的必要性与实现路径》，《岭南学刊》2009 年第 4 期。
② 王玉明：《试论广东实行省管县体制的必要性与实现路径》，《岭南学刊》2009 年第 4 期。
③ 刘勇：《广东"省管县"体制改革的困境和对策研究》，华南理工大学硕士学位论文，2014 年。

2005 年 6 月，时任国务院总理温家宝在全国农村税费改革试点工作会议上提出实行省直管县财政体制改革，随后，2008 年，党的十七届三中全会审议通过《中共中央关于推进农村改革发展若干重大问题的决定》，明确提出推进省直接管理县（市）的财政体制改革。有条件的地方可依法探索省直接管理县（市）的体制。2009 年 1 月，国家发展改革委颁发《珠江三角洲地区改革发展规划纲要（2008—2020 年)》，指出选择有条件的地方合理调整行政区划。试行省直管县（市）体制，进一步扩大县级政府经济社会管理权限。2009 年 7 月，财政部发布《关于推进省直接管理县财政改革的意见》，要求在政府间收支划分、转移支付、资金往来、预决算、年终结算等方面，省财政与县（市）财政直接联系，开展相关业务工作。2011 年，国家"十二五"规划纲要也要求在有条件的地方探索省直接管理县（市）的体制。党的十八大报告再次提出，优化行政层级和行政区划设置，有条件的地方可探索省直接管理县（市）改革。2013 年，党的十八届三中全会通过的《中共中央关于全面深化改革若干重大问题的决定》再次提出优化行政区划设置，有条件的地方探索推进省直接管理县（市）体制改革。在中央省直管县财政政策的鼓励和指引下，广东开展了省管县体制改革探索。

二、改革过程

广东省省直管县体制改革始于 2004 年，最先探索省直管县财政改革，接着探索省市政府下放权力、县级政府扩权，在经济社会管理权和人事权上省直管县改革。[①]

（一）广东省直管县改革的两个阶段

1. 初步探索阶段（2004—2008 年）

2004 年 5 月，广东正式出台了《关于加快县域经济发展的决定》。为了配合对这个决定的落实，当时计划对县下放行政权和财权。2004 年，应财政部颁布的《关于推进省直接管理县财政改革的意见》的要求，广东开始推进

---

① 王玉明：《试论广东实行省管县体制的必要性与实现路径》，《岭南学刊》2009 年第 4 期。

省直管县财政改革。2005 年公布的《广东省第一批扩大县级政府管理权限事项目录》，共涉及214 项经济社会管理权。第一批省直管县试点共 15 个：博罗县、龙川县、兴宁市、饶平县、普宁市、海丰县、惠来县、南雄市、英德市、高要市、台山市、阳春市、电白县、雷州市、罗定市。2009 年 1 月，国家发改委颁布《珠江三角洲地区改革发展规划纲要（2008—2020 年)》，规划要求广东省可在珠三角具备条件的地方先试先行行政区划调整和省直管县体制改革、扩权强县改革。这为深化省直管县（市）体制改革提供了政策支持。此后，广东开始扩大深化财政省直管县、扩大县区级管理权限的改革。①

2. 扩大改革阶段（2009 年至今）

从 2009 年开始，广东省直管县体制改革扩大试点、规范放权。这阶段改革的主要措施：一是深入顺德区的改革试点，扩大试点范围。2009 年 8 月，广东省选择佛山市的顺德区进行省直管县改革试点。2009 年，广东省出台《关于富县强镇事权改革的指导意见》，要求依法向县级放权，做到能放尽放。2010 年 11 月，广东省颁发《关于推广顺德经验在全省部分县（市、区）深化行政管理体制改革的指导意见》，针对顺德区省管县改革试点改革受阻的问题，广东省制定《关于进一步完善和深化顺德行政体制改革的意见》，进一步推进和规范顺德的改革。顺德区除党委、纪检、监察、检察院、法院系统和市现有的统计、规划管理模式，住房公积金、社保基金等各项市级统筹基金及东平新城维持现有管理体制外，其他经济、社会、文化等事务由省直接管理，并把相关权限具体化、规范化，提高操作可行性。2011 年 3 月，选择将汕头市濠江区作为广东省第二个推行省直管县改革的区县。继续扩大省直管县财政改革，将最初的 5 个试点县扩大到 36 个。

（二）广东省直管县改革的主要内容

1. 省直管县财政改革

省直管县财政改革是指省财政与县财政直接联系，开展相关业务工作，涉及政府间收支划分、转移支付、资金往来、预决算、年终结算等内容。2004 年以来，广东省对省以下财政体制进行改革：一是激励性财政支持直接

---

① 刘勇：《广东"省管县"体制改革的困境和对策研究》，华南理工大学硕士学位论文，2014 年。

核定到各县；二是省财政的转移支付补助直接分配到各县；三是绝大部分专项补助直接分配到各县。实行县向省财政文件的直接报送，并同时抄送市级；省财政对县的补助在主送市级的同时抄送县；省财政补助资金分配主要向县倾斜等一系列改革措施。2010年10月，广东首先将南雄县、紫金县、兴宁市和封开县列为改革试点地区。2010年12月，广东为进一步规范省和县政府间财政分配关系，完善分税制财政管理体制，省人民政府印发《广东省调整完善分税制财政管理体制实施方案的通知》，合理调整省和市县政府间财政收入分配格局，扩大共享收入的范围，置换共享税种，加增值税增量分成，置换共享收入税种，提高共享收入分享的比例。理顺所得税分配关系，在四税分成方面（营业税、企业所得税、个人所得税、土地增值税）省级与县分享比例由"四六"调整为"五五"。[1] 各级非税收入划分方式及分享比例按现行非税收入办法执行。先后分五批将36个县（市、区）纳入省直管县财政的改革对象（见表3-1）。2010年7月1日，将顺德区纳入省直管县财政改革范围。另外，汕头市濠江区实行省直管县改革后，市、区两级的财政分配比例由原有的6:4调整为4:6。[2]

表3-1　广东省直管县财政改革试点县（市、区）

批次	试点县（市、区）	政策依据
第一批 （2010年）	南雄市、紫金县、兴宁市、封开县，加上顺德区（5个）	《关于佛山市顺德区实行省直管县财政体制的批复》（粤府函〔2010〕150号）、《关于开展省直管县财政改革试点的通知》（粤办函〔2010〕528号）
第二批 （2012年）	龙川县、五华县、博罗县、阳春市、徐闻县、高州市、英德市、饶平县、普宁市、罗定市（10个）	《关于开展省直管县财政改革第二批试点的通知》（粤办函〔2012〕239号）
第三批 （2013年）	南澳县、仁化县、丰顺县、陆河县、怀集县、揭西县（6个）	《广东省人民政府办公厅关于开展省直管县财政改革第三批试点的通知》（粤办函〔2013〕326号）
第四批 （2014年）	乳源瑶族自治县、大埔县、陆丰市、廉江市、化州市、德庆县、连山县、连南县、新兴县（9个）	《关于开展省直管县财政改革第四批试点的通知》（粤办函〔2014〕308号）

---

　①　温力健、湛嘉静、邓嫣嫣：《"省直管县"改革绩效、问题及对策研究——以广东省为例》，《经济研究导刊》2015年第11期。

　②　周志坤：《广东再力挺顺德试水省直管县》，《南方日报》2011年2月14日。

批次	试点县（市、区）	政策依据
第五批 （2015 年）	翁源县、连平县、海丰县、雷州市、广宁县、惠来县（6 个）	《广东省人民政府办公厅关于开展省直管县财政改革第五批试点的通知》（粤办函〔2015〕368 号）

资料来源：根据广东省颁布的相关政策文件整理。

2. 对县放权扩权

除了在财政上对县下权扩权外，在经济社会管理权和人事权上也进行放权扩权探索。2005 年 6 月，广东省政府按照责权统一、运转协调和"能放都放"的原则，赋予县更大的自主权和决策权，除法律、法规、规章另有规定外，凡省已下放给地级市的审批权，一律下放到县。主要涉及市场准入、外商投资、企业投资、资金分配和管理、税收优惠等方面的内容，共 214 项。

（1）下放的市级审批事权。如原来由地级市政府负责的县级工程项目审批权、国土资源审批管理权、外经贸审批管理权、交通审批管理权、经济贸易审批管理权、计划审批管理权等，纷纷按照能精简就精简、能下放就下放的原则，下放到县级政府部门，对于一些不能下放的经济社会管理权限，则由省直接管理。原来大型群众文化体育活动安全许可、设立临时停车场审批、职业介绍机构资格认定、燃气设施改动审批、客运线路变更的审批、水库农水工程初步设计审批等，由县审批。

（2）下放的市级管理权限。省下拨给各县的资金、款项和指标等下放由县级管理，水资源费的征收、管理，保安人员培训，等等，由县级管理。广东省博罗县、龙川县、高要市、台山市、阳春市、电白县、雷州市、兴宁市、饶平县、普宁市、海丰县、惠来县、南雄市、英德市、罗定市被纳入第一批试点改革。

2009 年 10 月，佛山市向顺德区第一批次下放 378 项行政审批和日常管理权限事项，共涉及市政府 29 个部门。为了克服改革的阻力，2011 年，广东省委办公厅、省人民政府办公厅下发《关于进一步完善和深化顺德行政体制改革的意见》，明确指出顺德区可行使由地级市行使的有关职权，并将接受广东省的直接考核，分数单列；除党委、纪检、监察、法院、检察院系统和市现有的规划、统计管理模式，社保基金、住房公积金等各项市级统筹基金及东平新城维持现有管理体制外，其他经济、社会、文化等事务由省直接管理，实行省直管县财政，确定佛山市、顺德区财政收入划分和各自的支出范围。[①] 2011 年 6 月，汕头市通过了《关于促进和保障濠江区行政体制综合改革工作的决定》，以地方立法形式对市区权责法定化、政府预决算公开、社会组织分类管理等方面进行一系列改革。2011 年 7 月，汕头市人民政府出台《汕头经济特区促进和保障濠江区行政体制综合改革规定》，汕头市政府已向濠江区下放第一批行政管理事项共 346 项。2011 年 10 月，制定《汕头市濠江区行政体制综合改革方案》，方案提出通过立法赋权、行政授权、行政委托等方式，使濠江区获得相当于地级市的经济社会管理和行政执法权限（见表 3 - 2）。

表 3 - 2　佛山顺德区、汕头濠江区实行省直管县试点

	地级市管理权	省、市、区关系的调整	政策和立法支持
佛山顺德区	行使法律、法规、规章和各类规范性文件中规定的由地级市行使的有关职权	佛山市政府向顺德区下放 378 项行政审批和日常管理权限事项。除党委、纪检、监察、法院、检察院系统和市现有的规划、统计管理模式，社保基金、住房公积金等各项市级统筹基金及东平新城维持现有管理体制外，其他经济、社会、文化等事务由省直接管理，赋予顺德区行使地级市管理权限。实行省直管区财政	《广东省人民代表大会常务委员会关于促进和保障佛山市顺德区综合改革试验工作的决定》《关于推广顺德经验在全省部分县（市、区）深化行政管理体制改革的指导意见》《关于进一步完善和深化顺德行政体制改革的意见》
汕头濠江区	通过立法赋权、行政授权、行政委托等方式，使濠江区获得相当于地级市的经济社会管理和行政执法权限	汕头市政府已向濠江区下放行政管理事项共 346 项。除党委、纪检、监察、法院、检察院、公安、统计系统，社保基金及住房公积金等各项市级统筹基金现行管理体制和汕头市城市总体规划、分区规划维持不变外，行政相当于地级市的经济社会管理和行政执法权限。同时调整市、区的税收分成比例	《汕头市人大常委会关于促进和保障濠江区行政体制综合改革工作的决定》《汕头经济特区促进和保障濠江区行政体制综合改革规定》《汕头市濠江区行政体制综合改革方案》

资料来源：根据广东省和汕头市颁布的相关政策文件整理。

---

① 温力健、湛嘉静、邓嫣嫣：《"省直管县"改革绩效、问题及对策研究——以广东省为例》，《经济研究导刊》2015 年第 11 期。

目前，除以上放权和扩权外，广东还在人事权省直管县方面进行了探索，出台了加强县级领导班子建设的有关文件。2005 年年底，广东出台一项规定：优秀县委书记连任 5 年可晋升副厅级。这一举措引起了广泛关注，5 名优秀县委书记得到提拔。这是扩权强县中的一项——人事权，是人事省直管县的一次温和的、有益的尝试。目前，除以上放权和扩权外，还从人财物入手，加强省直管县及激发县域经济的发展潜力。在《关于进一步完善和深化顺德行政体制改革的意见》中明确规定，顺德区直部门一把手的使用与调配，先由顺德区委提出。

（三）广东省直管县体制改革的主要特点

1. 侧重省直管经济欠发展县

全国许多省区实行省直管县改革，首先选择在经济发展较好的县实行，其中最为典型的是浙江。与浙江等省改革不同的是，广东省首先主要选择经济落后的县赋予相当于地级市场的管理权力。例如，在改革的第一阶段，广东将顺德区、南雄市、紫金县、兴宁市、封开县作为第一批省直管县体制改革试点县。试点县中除了顺德位于珠三角，是经济发达的强县，其他四个位于粤北山区、东西两翼，都是经济发展相对落后的县。在第二阶段，广东又将阳春市、徐闻县、高州市、饶平县、普宁市、博罗县、英德市、罗定市、五华县、龙川县选为第二批改革试点县。同样，第二批试点县（市）选取了欠发达的粤北山区和东西两翼的县居多，珠三角地区只选了博罗县。①

2. 用立法来巩固改革成果

广东探索市县职责划分法制化路径来解决这一难题，用立法来巩固改革的成果。针对顺德省直管县改革遇到的落实不到位、操作难等问题，促进和保障佛山市顺德区继续开展以落实科学发展观为核心的综合改革试验工作，2010 年 9 月广东省人大常委会通过《关于促进和保障佛山市顺德区综合改革试验工作的决定》，将顺德区作为省直管县体制改革的试点，获得地级市管理权限。濠江改革最大的亮点也是将政府间职责关系法定化，汕头市人大常委

① 温力健、湛嘉静、邓嫣嫣：《"省直管县"改革绩效、问题及对策研究——以广东省为例》，《经济研究导刊》2015 年第 11 期。

会通过《关于促进和保障濠江区行政体制综合改革工作的决定》，以地方立法的形式明确市与区两级政府的责权划分和调整程序，并规定非经法定程序，不得随意改变事权范围或管理权限，将改革成果通过立法固化下来，避免了改革之后再打"补丁"。[1]

3. 财政、行政、人事改革全面探索

无论是试点县，还是顺德区的改革、濠江区的改革，都尝试通过财政权、人事权和行政权的下放，实现省直管县目标。一是下放财政权限，建立省直管县财政体制，例如，在第一批试点改革和第二批试点改革中，都是先从财政体制改革入手，通过调整省、市、县之间的财税分配比例和财政决算权、资金往来权限等，实行省直管县财政。二是下放行政权和人事权。省、市、县逐步探索在行政、人事方面的简政放权路径。2011 年广东省印发的《关于进一步完善和深化顺德行政体制改革的意见》规定，对于该区改革后新增设的处级职务将由顺德区委进行管理，顺德区直部门一把手的使用与调配，也先由顺德区委提出。

三、改革成效

广东推行省直管县改革后，县享有地级市的经济社会管理权限，县级政府可以因地制宜批准适合自己县域发展的项目，在经济社会发展方面取得了较大成效。

(一) 促进了县域经济发展

自实施改革以来，广东省县域经济的受重视程度不断提高，财政资源直接向基层市、县下移，减少了资金截留，提高县级政府的自主权，发展了县域经济，县域工业拉动作用和经济发展活力等也不断得到增强，各项经济指标稳定增长。在 2008 年广东县域生产总值只占全省 GDP 比重不足 18%。实施省直管县改革后，到 2017 年县域生产总值占广东全省比重也上升至28.9%。与此同时，广东省县域 GDP 增速连续多年均保持在 7% 以上，超过

---

[1]　许琛：《行政体制改革汕头立法"放权"》，《羊城晚报》2011 年 7 月 8 日。

了广东全省的平均水平。① 总体上看，广东省县域经济已进入快速发展的阶段。

（二）增强了公共服务能力

省直管县财政减少地市一级的截留，提升县级政府财力，促进公共服务均等化，进一步加大对县级的帮扶力度。省直管县改革增强了县级政府的自主决策、自我协调能力，实现了重要领域和关键环节的提速增效，随着县域经济的发展，提高了政府社会管理和公共服务的能力，有助于整体推进城乡生产力布局、要素合理流动，促进基础设施向农村延伸、公共服务向农村覆盖。省直管县财政改革有效地缓解了基层政府的财力紧张问题，直接增强了基层政府的公共服务职能，保证了基础教育、卫生保健、社会保障等方面的最低公共服务需求。

（三）提高了行政效能

省直管县（市）财政体制减少了财政运转的层次，县级政府直接可以接受省的领导，增强了县级政府的财力支配度，提升了县域级政府的财政自给率，提高了财政运转的效率。实行省直管县后，减少了行政层级，产生了行政审批承诺期限缩短、办理时限缩短、审批等待时间缩短等积极的直接效应，大大方便了企业和群众。省、地市也将行政审批职权相应下放，如外资审批权、出入境审批权、驾照审批权等，以前要市、省两级审批，现在县里进行审批。试点县还可以直接上报规划、直接划拨资金、直接申报项目、直接报批用地等。改革扩大了县级自主权，也便利了老百姓办事。同时，也使政策直接向县级政府传达，促进县级政府的决策和管理更贴近于县域的实际，调动县域的积极性。

（四）改革面临的问题

1. 县与市协调难度增大

改革县与上级地级市存在领导与被领导的关系，又存在竞合关系，如何处理市县关系面临新考验。对于改革县而言，主要是县级财政实现了省直管，但是主要干部的任免权依然归地级市管，市对县还有许多领导权，扩权县的自主权有限。

---

① 温力健、湛嘉静、邓嫣嫣：《"省直管县"改革绩效、问题及对策研究——以广东省为例》，《经济研究导刊》2015 年第 11 期。

县级既要向省里要资金、项目，又要向市里汇报工作、争取理解和支持，不可避免出现"双重管理"。如省直管后县级政府的干部很难流动到省级工作，干部晋升的渠道变小，不利于调动干部积极性。现在中央政府有很多改革和项目需要各级政府承担配套资金，省的配套没有问题，但市的配套资金很难落实。市对改革县和非改革县区别对待，减弱对改革县的支持，着重扶持其他的非改革县。

2. 省、县管理能力面临挑战

省直管县遇到的主要障碍是省政府的管理半径和能力问题。实行省直管县后，省直部门面对十几个市和几十个市县，增加了不少工作量，但干部还是原来几个人，人员编制紧张。县有关部门的工作量增加了，县级政府有关部门的工作量也大大增加，但人手没有相应增加，普遍存在缺人干事的情况，事与人的矛盾较为突出。县级政府的 1 个部门可能要对应省里 2—3 个部门，1 个科室对应省里 10 多个处室。有的权限虽下放到县里，但还是按原程序运作，仍要通过市再上报审批。

3. 法律体系与司法制度的障碍

省直管县面临原来市管县体制下法律体制的制约，法律制度规范难以突破。省市许多亟须下放的权限，由于与现行法规、规章或政策不符而下放不了，特别是质监、国土、海关、金融、检验检疫等垂直管理部门的权力无法下放。司法体制也不能突破，法院审判案件实行两审终审制，初审管辖权属县级法院，二审管辖权属市级法院。省直管县后市中级法院职责如何划定，以及与基层法院的关系成了一个难题。

4. 存在新的事权财权不匹配

根据实际调研发现，广东省实行省直管县改革试点后，虽然减少了政府层级，但省、市、县之间的事权与财权没有清晰划分。三级地方政府间的事权财权划分没有同步进行，尚未清理规范一些资金进行的市县上划和补助事项，事权与财权出现新的不对称。改革后的县级财政资金直接通过省财政划拨，而市级财力还要承担县有关公共管理和公共服务的支出，如抗旱排涝、农田水利建设和社会保障等。①

---

① 温力健、湛嘉静、邓嫣嫣：《"省直管县"改革绩效、问题及对策研究——以广东省为例》，《经济研究导刊》2015 年第 11 期。

四、下一步改革

从市管县到省直管县是对现有体制下利益格局的重新调整，涉及各种复杂的关系和新架构的运转磨合，面临着巨大阻力，需要许多配套性的制度安排，如果缺乏配套的制度改革和政策跟进，将无法实现这项体制转型的目标。中国各领域改革的基本经验就是渐进式推进，分类实施。省直管县改革必然是一个渐进的演进过程，需要有更多的通盘考虑，更多深思熟虑的方案选择，以避免推行市管县体制时那种仓促上阵的局限性。

（一）深化扩权强县改革

一是全面推行省直管县的财政体制。从广东实际情况来看，省直管县财政目前只在30多个县（市、区）实行，应该在全省实行省直管县财政。借鉴浙江省的做法，在财政体制的基础之上，时机成熟的时候，再动管理体制，先从财政权调整入手，再在行政管理、人事管理上实行省直管县改革。改变县级政府事权大财权小的局面；完善地方财税体制，实行彻底的分税制。修改《中华人民共和国预算法》，由人大机关行使政府间财政管理体制的权力。县级政府应获得其主体税种，赋予县政府一级完整的财政，重新划定增值税地方分成比例，该比例应高于25%。同时，取消税收返还，简化收入划分，省政府不从增值税地方分成部分来集中收入。二是规范和扩大县级政府的行政权。逐步走向行政意义上的省直管县，在扩大县级政府财权事权的同时，还要在人事权上与省直接对接。从人事、财政、经济、社会管理4个方面，同步对试点县予以扩权放权。

（二）稳妥实现省直管县

在条件成熟的地方真正实行省直管县的行政体制，根据实际情况，县（市）存在三种归属：（1）多数县交由省直管。多数县改变原来与地级市的隶属关系，在法律上与地级市平等，市只管理城市自身。没有领导与被领导关系，恢复市、县的本来属性，实行"市县分治"，市只管理城市自身，回归城市的本来角色，不管农村，县改由省直接管理。（2）特殊县改为区。根据实际情况区别对待，对于已经融入市的县，改为市辖区，如近邻可以撤县建区，扩大地级市的管辖范围，为其发展预留足够的空间，解决城市发展空间受限的问题。广州、江门、汕头、茂名、惠州、佛山、韶关、珠海都先后将邻近的县划为市辖区，取得了明显的效益，推动了地级市的发展。① （3）个别县由市管。在全省让市管县与省直管县空间上可以并存。

（三）重视配套改革

一是推动政府职能转变。针对省直管县体制改革后省级部门的管理范围扩大和直管单位增多等问题。首先，切实转变政府职能。减少行政审批事项，创新政府管理方式，提高办公效率。通过减少省级政府部门行政审批权和审批事项，改变省级管理幅度过大的问题。广东已经在减少行政审批方面有了很好的探索。政府将一些公共服务项目转移给有能力承担的社会组织。其次，进一步明确省、市、县政府间的职、责、权限范围。首要问题是重新明确各级政府的事权和财权，使得省、市、县三级地方政府各司其职、各尽其责。结合广东省的实际情况，根据效率最优原则，具体规定省、市、省直管县各自专有事权和共有事权，使得事权划分合理化和清晰化。②

二是推进地级市的改革。首先，重新定位地级市的角色。实行省直管县体制后，其管理范围只限定在市区和郊区，不再管理农村区域，其职能将集中于城市区域的经济社会发展上，服务和管理重心放在城市的公共服务和社会管理上。由于地级市与原来所辖县在经济上的联系因为行政隶属关系的变化而消失，地级市还是区域中心城市，在产业集聚、交通畅达等方面还存在辐射带动作用。其次，优化地级市的组织构架。探索地级市与所辖区一体化改革，实行一级政府，减少政府层级，避免扯皮的因素。同时，对地级市的组织机构进行改革，实行大部门制，精简人员。将地级市机构中职能相近、业务联系比较密切的部门整合合并，减少横向职能部门，压缩编制。③

---

① 王玉明：《试论广东实行省管县体制的必要性与实现路径》，《岭南学刊》2009 年第 4 期。
② 王玉明：《试论广东实行省管县体制的必要性与实现路径》，《岭南学刊》2009 年第 4 期。
③ 王玉明：《试论广东实行省管县体制的必要性与实现路径》，《岭南学刊》2009 年第 4 期。

第四章 广州市特大镇强镇扩权改革研究

一、近年来广州市推进镇级行政管理体制改革的做法经验

改革开放以来，广州市城乡建设取得了巨大成就，城镇化水平和城镇整体发展质量不断提高。其中，镇在广州经济发展过程中功不可没。然而，随着发展的深入，经济发达的镇所承担的职能与所具有的权限越来越不匹配，造成经济发达镇长期处于责任大、权力小，功能弱、效率低的困境之中。这不仅严重制约了经济发达镇的建设与发展，影响基层公共服务供给能力的提升，而且为转变经济发展方式设置了阻力。建设中心镇和"简政强镇"的中心思想是简政放权，赋予经济强镇更多的行政自主权，以化解基层公共服务供给不足制约经济发展的矛盾。2002 年以来，广州市根据广东省委、省政府统一部署，在建设中心镇以及简政强镇方面出台了系列政策、开展了相关工作。

（一）广州市建制镇概况

据《2017 广州统计年鉴》统计，截至 2016 年年底，全市共有建制镇 35 个。其中，白云区 4 个、番禺区 6 个、花都区 6 个、南沙区 6 个、黄埔区 1 个、从化区 5 个和增城区 7 个。全市 35 个建制镇行政区域面积达 5237.34 平方千米，占全市总面积的 70%。其中，面积最大的是从化区良口镇，最小的是番禺区新造镇。此外，全市 35 个建制镇建成区面积为 329.49 平方千米，占全市建制镇行政区域面积的 6.3%。2016 年年末，全市建制镇常住人口达 431.10 万人。其中，人口最多的是增城区的新塘镇，达 37.42 万人，最少的是花都区梯面镇，为 1.01 万人（见表 4-1）。

表 4－1　2016 年广州市建制镇总体概况

区名	镇名	镇行政区域 面积（公顷）	常住人口 （人）	公共财政收 入（万元）	城镇建成区 面积（公顷）
白云区	人和镇	7444	183578	34747	640
	太和镇	15537	385472	42991	880
	钟落潭镇	16900	219155	24101	650
	江高镇	10228	196271	39855	1600
番禺区	南村镇	4700	308992	39619	1857
	新造镇	1400	28014	10303	117
	化龙镇	5373	79587	27599	225
	石楼镇	12600	144230	49147	1146
	沙湾镇	3745	113815	30611	1814
	石基镇	4703	108057	32350	1569
花都区	梯面镇	9128	10156	2502	160
	花山镇	11640	116895	12792	700
	花东镇	20844	159076	126874	2980
	炭步镇	11330	69305	17417	690
	赤坭镇	16040	56143	12040	540
	狮岭镇	13631	279551	27944	2747
南沙区	万顷沙镇	14285	46355	16119	300
	横沥镇	5413	37104	17561	460
	黄阁镇	7650	54344	32687	600
	东涌镇	9200	187010	76996	544
	大岗镇	9007	122838	6990	1430
	榄核镇	7450	85603	51924	890
黄埔区	九龙镇	17942	102924	50066	816
从化区	温泉镇	21224	56178	13286	715
	良口镇	43915	43348	5496	198
	吕田镇	39300	29981	7185	73
	太平镇	21033	106272	9783	400
	鳌头镇	41000	158940	15211	1068

续表

区名	镇名	镇行政区域面积（公顷）	常住人口（人）	公共财政收入（万元）	城镇建成区面积（公顷）
增城区	新塘镇	8632	374236	53718	4442
	石滩镇	17097	150826	54547	370
	中新镇	23237	89883	54980	1698
	正果镇	23941	39921	7311	160
	派潭镇	28900	70219	23086	150
	小楼镇	13600	36853	5992	100
	仙村镇	5665	59904	8310	220

资料来源：《2017 广州统计年鉴》。

（二）广州市关于建设中心镇系列政策与工作

2002 年 12 月，为加快广州市农村中心镇村建设，广州市人民政府出台了《广州市人民政府关于加快我市农村中心镇村建设的意见》（穗府〔2002〕43号）。为创新小城镇建设体制，2003 年广东省人民政府设计政策，出台了《关于加快中心镇发展的意见》（粤府〔2003〕57 号），提出位于设市城市的中心镇应该按照城市标准建设，发展成为城市中的有机功能团或相对独立的卫星镇。2004 年，广州市委、市人民政府出台《关于进一步加快中心镇建设的决定》（穗字〔2004〕3 号）。按照省政府的政策要求，结合广州市情，广州市将中心镇建设纳入城市发展战略，按照卫星城市的发展定位加快中心镇发展，初步摸索了一条适合广州特点的城市化道路。

1. 实施城市的标准，提高中心镇规划建设和管理水平

一是高起点规划，并严格按照规划进行建设，坚决遏止乱审批、乱建设等违法现象，确保中心镇规划依法实施。二是高标准建设。确定优先发展的10 个中心镇，近 200 个市政基础设施项目全部按照城区的标准进行建设。三是高效能管理。在中心镇成立城市管理综合执法机构，配备专门编制和人员。建立健全中心镇管理网络，实行层级负责制，对中心镇的计生、户籍、外来人口等采用系统化信息管理。在中心镇设立国土所、规划所，建立完善的规划建设检查和责任追究制度。

2. 拓展中心镇的筹资渠道

一是按照省对中心镇的优惠政策规定,全额返还中心镇城市维护建设费等各项费用。二是由市、区两级财政每年给每个中心镇安排建设资金1500万元;农业、水利、建设等部门也集中专项资金用于中心镇建设。三是积极开放城市基础设施和公用事业领域,引导社会资金参与中心镇建设。允许将1500万元的统筹资金用于贴息向银行贷款,投入基础设施建设。

3. 增强中心镇产业集聚能力

按照城市总体规划和产业布局,配合广州市"退二进三"的发展策略,各中心镇积极做好产业发展规划,建立园区经济、形成产业聚集点,并与市区形成优势互补、各具特色的产业集聚群。以增城区新塘镇为例,新塘镇有16个居委会,75个行政村,总面积为280.48平方千米。该镇工业发达、商贸繁荣,形成了以经营汽车、摩托车及其零配件、纺织服装、建材、造纸、食品等19个行业为骨干的工业体系。汽车、摩托车、牛仔服装是镇经济的三个支柱产业。在快速工业化的过程中,新塘镇一方面形成了城市化明显滞后工业化的局面,而城市化的滞后,又对工业化形成障碍作用。另一方面,镇内区域发展不平衡,城乡二元结构的现象在快速工业化进程中并没有得到明显改善。因而,新塘镇在认真分析自身发展条件、面临的机遇与挑战的基础上,从产业集聚、统筹城乡和区域发展的角度来开展中心镇建设,从三个方面对产业结构进行了调整。第一,发展特色农业和现代都市型农业、观光农业和生态农业,提高农业发展的创新能力和比较收益。第二,吸收广州部分城市功能,构建高质量生活小区和休闲小区,提升城镇化水平;引进带动能力强、科技含量高的相关企业,扩张汽车项目,继续强化汽车行业的主导地位;进一步扶持摩托车产业;引进具有自主知识产权、技术含量高的大型服装产业,强化牛仔服装的产业集聚;限制发展水泥等建筑材料产业,直至最终完全转移或关闭。第三,注重发展商贸物流、房地产、信息咨询、中介服务、电子商务等第三产业,增强镇的生活和服务功能。

4. 全面协调发展中心镇的社会事业

中心镇在行政辖属上是各地域单元中的核心镇,在地理位置上是镇域范围内若干个镇的中心,具有组织本片区生产、流通和生活的综合职能,设有较为齐全的服务设施。因而,中心镇具有"城市之末、乡村之首"的特点,在周围地区中经济实力较强，对农村经济社会具有很强的辐射带动作用和聚集能力。为使中心镇成为吸收农业剩余劳动力的重要阵地，广州市出台了相关社会保障制度，促进农村劳动力转移就业的服务培训和资助措施，力争每年使广州户籍农民转移就业5万人左右，用4—5年时间实现20万农村富余劳动力转移就业。此外，广州市还要求各中心镇做好教育事业，打造教育强镇，撤并村级学校，实现资源共享；发展卫生事业，做到每个中心镇至少有一所二级以上综合医院。

（三）广州市关于简政强镇建设的系列政策与工作

2009年，广东省印发《中共广东省委办公厅 广东省人民政府办公厅关于富县强镇事权改革的指导意见》（粤办发〔2009〕33号）。2010年6月18日，广东省正式印发《中共广东省委办公厅、广东省人民政府办公厅关于"简政强镇"事权改革的指导意见》（粤办发〔2009〕33号），启动了"简政强镇"改革的大幕。2011年，广州市出台《中共广州市委办公厅 广州市人民政府办公厅印发〈广州市简政强镇事权改革实施意见〉的通知》（穗办〔2011〕4号）。由此，广州市简政强镇改革正式开启，开展了一系列相关工作。

1. 因地制宜，"强镇"分类进行"简政"

各个经济强镇面临同样的发展难题，但强镇的发展本身存在着个体差异。在"简政强镇"改革中，广州市充分认识到这一点，没有进行"一刀切"式的统一改革。根据镇的常住人口、土地面积、财政一般预算收入等指标，对镇进行了科学分类（具体见表4-2和图4-1）。其中，一般镇有1个，较大镇有16个，特大镇有18个。各个镇按照所属类别设置综合性办事机构以及配备相应数量的机关行政编制（见表4-3）。一般镇要面向农村，着重强化为"三农"服务的职能，加强农村服务体系的建立；较大镇要加强社会管理和公共服务职能，着力解决工业化和城镇化发展进程中的各种问题；特大镇要适应现代城镇的特点和发展规律，强化市场监管、公共服务、市政管理、生态保护等方面的职能，充分发挥带动区域经济发展的作用。这次改革在注重发展大镇的同时十分重视培育一般镇，探索多种改革模式，拓宽了"简政强镇"改革的视野，符合改革既要有原则性，又要有灵活性，把原则性和灵活性结合在一起的精神。

表 4 – 2　广州市 35 个镇的类别划分

类别	综合指数（I）	数量	名称
一般镇	0≤I＜150	1	花都区雅瑶镇
较大镇	150≤I＜300	16	白云区人和镇，花都区花山镇、赤坭镇、梯面镇，番禺区大岗镇、沙湾镇、化龙镇、榄核镇、新造镇，南沙区横沥镇，从化市良口镇、温泉镇、吕田镇，增城市派潭镇、正果镇、小楼镇
特大镇	I≥300	18	白云区太和镇、江高镇、钟落潭镇，花都区狮岭镇、花东镇、炭步镇，番禺区石碁镇、东涌镇、石楼镇、南村镇，南沙区黄阁镇、万顷沙镇，萝岗区九龙镇，从化市鳌头镇、太平镇，增城市新塘镇、石滩镇、中新镇

资料来源：根据《中共广州市委办公厅　广州市人民政府办公厅印发〈广州市简政强镇事权改革实施意见〉的通知》（穗办〔2011〕4 号）整理而来。

（单位：个）

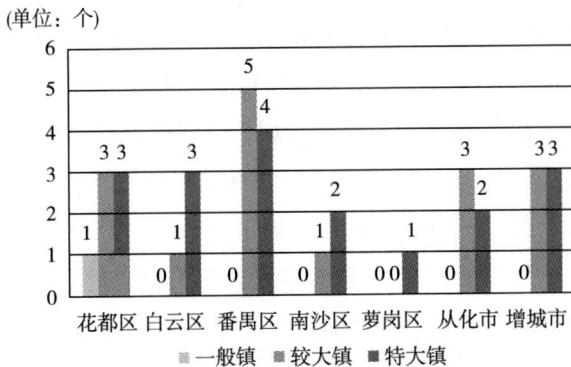

图 4 – 1　各区下属镇的类别数量分布

表 4 – 3　各类别镇的机构设置规范和编制配备

类别	综合性办事机构	综合性办事机构设置模式	机关行政编制配备
一般镇	≤5 个	党政办公室（挂人大办公室、综治维稳和信访办公室牌子）、经济服务办公室、社会事务办公室（挂人口和计划生育办公室牌子）、农业办公室	≤35 名
较大镇	≤7 个	党政办公室（挂人大办公室、综治维稳和信访办公室牌子）、经济服务办公室、社会事务办公室、农业办公室、人口和计划生育办公室	≤55 名

类别	综合性办事机构	综合性办事机构设置模式	机关行政编制配备
特大镇	$300 \leqslant I \leqslant 400$，8—10 个；$I > 400$，不超过 12 个	党政办公室、人大办公室（或与党政办公室合署）、经济服务办公室、规划建设办公室、社会事务办公室、综治维稳和信访办公室、农业办公室、人口和计划生育办公室	$300 \leqslant I \leqslant 400$，不超过 85 名；$400 < I \leqslant 500$，不超过 120 名；$I > 500$，可适当增加编制，但最多不超过 150 名

资料来源：根据《中共广州市委办公厅 广州市人民政府办公厅印发〈广州市简政强镇事权改革实施意见〉的通知》（穗办〔2011〕4 号）整理而来。

2. 纵向放权与横向分权相结合，赋予镇更多行政自主权

"简政强镇"的中心思想就是简政放权，赋予镇更多的行政自主权，以化解基层公共服务供给不足制约经济发展的矛盾。广州市"简政强镇"改革进行的权力下放打破了传统单向放权模式，按照纵向放权与横向分权相结合的模式进行。从放权内容来看，放权表现出一定的深度和广度，包括对试点镇下放部分行政审批权和执法权，简化项目审批服务环节，以及在城管、环保、劳动、安全生产、食品安全、工商等领域，依法委托试点镇行使部分县级行政审批许可和处罚权。从放权方向来看，此次放权还表现出"还权于社会"的特点：行政事务由政府统筹管理，村居事务由村（居）委会依法在资质范围内进行管理，建立村（居）民服务窗口，作为镇政府行政事务在村（居）一级的延伸和便民服务平台。这样放权与还权于社会相结合的方式，很大程度上避免了"一放就乱，一收就死"的现象。同时，此次放权还充分吸纳和调动了社会组织和市场中介的力量，通过政府采购、社区治理、公众参与等社会化方式，建立多元化的公共服务投入体系和运行机制，进一步理顺了政府和社会的关系。由此，区、镇政府之间能够形成良好的权力配置结构，给予镇级政府更大的自主性和制度创新空间，实施因地制宜的发展战略，为打造新型城镇、转型升级扫除障碍。

3. 弱化镇政府经济职能，强化基层政府社会建设管理和公共服务职能

农村税费改革后，镇政府的职能定位不清，一直处于探索阶段。受考评机制、财政压力等因素的影响，一些镇倾向于发挥经济职能，着力于招商引资、兴办乡镇企业，社会管理和公共服务意识淡薄。《中共广东省委办公厅、广东省人民政府办公厅关于"简政强镇"事权改革的指导意见》对镇级政府的职能予以了明确，指出镇的四个主要职能是"促进经济社会发展、加强社会管理、强化公共服务、推进基层民主"。广州市"简政强镇"改革中强调"按照镇的规划布局和经济社会发展状况，不同类型的镇要突出不同的职能重点"（具体见表4－4）。总体来看，各类型镇政府的职能重点均将社会管理和公共服务职能放在特别重要的位置，弱化经济职能。现有的城镇行政管理体制中，镇并没有城市建设管理职能。因而，在一些具有一定经济规模的镇中，城市化进程中的治理和建设难题就会面临无序和失控的状态。"简政强镇"改革实际上赋予了镇级政府更多的经济社会管理权限，使其能够承担建设和管理现代化小城市的职能，为建制镇和城镇型居民区向现代城市转型找到了新途径，顺应了新型城市化和城乡一体化的大趋势。

表4－4　不同类型镇的政府职能重点

镇的类型	政府职能重点
产业集聚、人口多、经济规模大的镇	➤ 更加注重社会管理和公共服务，做好面向基层和群众的服务与管理，推进城镇基本公共服务均等化； ➤ 强化执行和执法监管，增强处理突发公共事件和社会治安综合治理能力
城镇化发展到一定水平、经济规模中等的镇	➤ 加强社会管理和公共服务职能； ➤ 着力解决工业化和城镇化发展过程中的各种问题，维护社会和谐稳定
农业比重大、经济欠发达的镇	➤ 大力发展现代农业，提高农村综合生产能力； ➤ 大力推进农村综合配套改革，加快发展农村公共事业，促进农村全面进步

资料来源：根据《中共广州市委办公厅　广州市人民政府办公厅印发〈广州市简政强镇事权改革实施意见〉的通知》（穗办〔2011〕4号）整理而来。

4. 创新政府管理方式，探索镇级公共服务均等化

长期以来，在以工业为主导的非均衡发展模式的影响下，我国政府公共服务一直是实行城市偏向型的非均衡供给制度，造成农村公共服务供给缺失。广东省和广州市"简政强镇"改革在镇级公共服务均等化方面进行了创新探索。首先，着力下放、调整镇级政府财权，增强镇级公共服务提供的财力保障；其次，落实基层公共服务均等化原则，调整镇级财政支出结构，减少经

济建设、基础设施建设的支出比例，明显增加基本公共服务支出比例；最后，积极探索、培育镇级政府履行公共服务职能的稳定财源。这次改革就是把重心下移到基层，给予镇级公共服务均等化以强大的财力支撑、体制支撑和资源支撑，初步建立起统筹城乡区域、覆盖全民、方便可及、高效低廉的基本公共服务体系。

5. 强化镇政府执行功能，弱化决策功能

"简政强镇"改革对镇政府的职能进行了重新定位：强化镇级政府的执行功能，弱化决策功能。下放、强化执行权，上移决策权是这次"简政强镇"改革的普遍做法。为了承接下放的权力，各职能部门进行了厘清权责、理顺关系、整合机构的改革，特别是针对党政机构重叠、职责重复的问题进行了大胆尝试，如考虑将镇政府办公室与镇党委办公室合为一个综合办公机构；将监察、审计、信访和纪律检查委员会进行合并等。

总体来看，中心镇及"简政强镇"改革为破解基层政府经济社会管理权限与镇域经济发展不适应、镇域治理结构与区域发展的矛盾日益突出等问题作出了大胆尝试。广州中心镇及"简政强镇"改革实践表明改革的实施有效地增强了镇政府的自主性，提高了行政效率和全面履行政府职能的能力，优化了发展的制度环境。但从体制改革的取向来看，中心镇及"简政强镇"改革只是在现有行政管理体制框架下对基层经济社会管理权限的调整，是一个政府间关系的重新调整过程，并未涉及重大利益的分配和制度的重构，其深入推进面临着诸多的体制性障碍。

二、深入推进特大镇强镇扩权改革面临的困难

（一）强镇扩权改革缺乏有效的法律保障

强镇扩权的实质是政府权力的调整、转移和下放，涉及深层次利益调整，必须运用法治思维和法治方式，将强镇扩权纳入法治化的框架中，强化相关制度保障和刚性约束，才能将强镇扩权工作不断推向纵深。当前中央政策层面对强镇扩权提出了方向性要求，但相关法律对于政府职能的界定及其在各层级、各部门间如何划分仍缺乏具体可操作的规定，广东省一级也没有出台

具体政策，这极大地增加了强镇扩权改革工作的难度。另外，相关法律对于政府和部门职责权限的规定也大多是一些框架式、粗线条的原则性表述，导致实践当中各级政府和部门自由裁量空间过大，为变相审批、选择性放权等行为留下可供操作的余地。再者，把原属于区级政府的法定权力下放或采用委托方式赋予镇政府缺乏法律依据，也存在合法性不足的问题。在某种意义上，权力下放反而意味着对现行法律秩序的破坏。例如，此前改革提出要下放给镇与其经济社会发展水平相适应的行政许可、行政执法及其他行政管理权，但由于缺乏政策和法律依据，执法权下放后的司法衔接不畅，容易造成"权责不统一"的结果，镇政府执法主体地位在司法中难以得到确认。如何避免权力下放与上位法产生冲突的难题尚难破解。

（二）上级政府的放权意愿与镇级政府的扩权需求之间存在偏差

简政强镇是一项系统工程，需要多部门、多层级协同推进。上级部门能否实现"简政共简，放权同放"，会直接影响改革进展与成效。由于在政府间协调仍存在较大困难，特别是在权力下放领域，容易出现诉求的不统一，上级政府的放权意愿与特大镇政府的扩权需求之间往往存在分歧。一方面，一些特大镇政府"想要"的权力，比如涉及财政、土地使用的审批权等方面的扩权事项，由于上级政府的"惜权"，要么下放很少，要么部门间放权改革不同步、不联动，缺乏改革协同。对同一审批项目，有的部门下放的审批权限，但关联部门却没有下放，对基层而言就形同画饼，最典型的如只给用地指标却没有用地规模，最终指标也就无法落实。另一方面，上级政府下放的某些权力，镇级政府由于行使起来麻烦或执行人员匮乏而不愿意要。上下级政府各自维护本级政府利益，一味基于自身利益讨价还价，而不能从"简政强镇"的宏观目标出发，必然会削弱和制约简政放权的整体效果，从而加大推进强镇扩权改革的难度。

（三）"压力型"管理体制对强镇扩权改革形成制约

镇级政府作为我国行政科层系统的终端，其具体管理职能更多的是执行上级政府的下派任务，各领域行政事务和政策执行责任不断下沉，出现"上面千条线，下面一根针"的困境。因此，只要上级事务可以随意往下摊派，镇级政府便必然会出现权责不匹配问题。在这种所谓"压力型"管理体制之下，镇政府权责失衡，只能疲于应付，导致左右掣肘，难以释放发展活力及动力。具体体现在：

一是管理权责不对等。据调查，特大镇有约90%以上的事项需要上级部门审批才能执行，并且程序烦琐，工作效率低。此外，按照法律规定，我国行政执法权以区县一级政府为主体，当出现环保、村民违规建房、安全生产事故、食品卫生等问题时，镇政府自身无权查处，只能由上一级主管部门依法行使权力。另外，随着常住人口急剧增长，对镇政府的公共卫生、基本医疗、义务教育、社会保障、公共安全、环境保护等方面提出了更高的要求。公共服务和社会管理能力与人口规模的不匹配，也严重削弱了特大镇政府的管理能力。

二是财权事权不匹配。上级部门经常下放事项而不配套资金，镇级政府被迫承担相应支出，财权向上集中和事权逐步下移导致镇级财权事权不匹配困境，这不仅制约了特大镇重大基础设施建设和公益事业发展，而且限制了其自我增长机制形成。如果不能从制度上解决镇级政府的财政问题，即使事权下放，提高镇级政府治理能力的前景依然不容乐观。

三是"条块"关系不畅顺。镇内公安、司法、工商、国税、地税、财政、劳动等派出机构设置的目的是加强依法行政力度。但是，在管理过程中，经常会出现权力上移、责任下沉、具体管理部门要面对双重领导的局面。加上镇政府对派出机构的人事权软化等问题，派出机构在"条块"关系中往往以条为主，在实际运行中容易出现工作缺位、政策落实不到位等情况。

（四）基层人力配备不足、人员结构不合理成为强镇扩权改革的短板

基层政府人事编制紧张是一个普遍性问题，人员编制不足给镇的管理带来很大困难。特大镇核定的编制数是按照本地户籍人口的基数来制定的，并没有考虑实际管理人口的需求。随着经济的发展，很多区域外来常住人口已远超本地户籍人口规模，现有基层管理人员数量难以完成日益增长的管理任务。就目前情况来看，首先，历经多次机构改革，镇级政府公务员编制不断精减，导致镇级政府党政领导干部占据了大部分编制比例；其次，为了解决人力不足的问题，镇级政府雇用了大量合同人员和临时人员；再次，专业人

才缺乏成为制约特大镇发展的一个关键问题。随着特大镇经济水平的不断提升，镇级政府对城市规划、设计和工程管理等相关专业的人才需求愈来愈大，很多镇都面临着人才"瓶颈"，致使工作难以拓展深化。由于镇级机构建制规格、发展空间的局限，也导致吸引优秀人才乏力，招得进来也不易留住。近些年很多特大镇甚至无法招考新的公务员，原本在镇政府机关工作的人员，也因为发展空间小，人才流失现象较为严重，大大削弱了特大镇政府的人才竞争力。管理队伍的建设不能适应社会管理半径的延伸，也容易造成下放权力无人对接、不愿对接、无能力对接以及权力运行低效的现实困境。

（五）约束机制不健全，监管能力不足增加了强镇扩权改革的风险

放权必然意味着相关权力的监督也由上一级向镇一级延伸，上级部门的管理由直接领导转为业务指导，势必会使监管的链条延长、范围拓宽、对象增多、力度减弱，难度也必定会更大。由于基层政权结构、体制机制、运行方式的特殊性，基层权力运行不够规范导致的权力风险一直存在。随着强镇扩权改革的实施，这种权力运行风险有可能进一步放大。强镇扩权改革的推行将会使镇级党委、政府获得更大的经济社会管理权，如果监督体系不能相应完善，对镇级政府进行有效的监督和约束将成为新的课题。

三、深入推进特大镇强镇扩权改革的政策建议

强镇扩权改革是创新镇级行政管理体制、构建新型特大镇政府管理模式的重要举措，有利于解决镇级政府"小马拉大车"的问题，为稳妥推进新型城镇化进程创造有利条件。当前要按照加强特大镇政府公共服务、市场监管、社会管理、环境保护等职责的改革要求，理顺特大镇管理体制，赋予与特大镇人口和经济规模相适应的管理权限，提高特大镇集聚人口、经济发展、公共服务、社会治理的能力，建立适应特大镇发展需求的行政管理体制和运行机制，推进特大镇和城区协调发展。

（一）统一部署放权强区改革与强镇扩权改革

2017年8月，广州市人民政府办公厅印发了《广州市人民政府办公厅关

于印发广州市进一步放权强区改革工作方案的通知》（穗府办函〔2017〕173号），并在此基础上形成事权下放目录以及体制机制调整、编制划转、财权划分、激励机制等配套文件。要把握好改革进度，将放权强区改革与强镇扩权改革作为一个整体进行统一部署，做好市向区放权与区向镇放权在改革进程上的前后衔接。建议待市区事权下放的承接工作顺利完成后，及时对市直部门权力下放情况进行评估，并在总结放权强区改革经验的基础上，进一步启动强镇扩区改革工作，原则上凡是基层管理迫切需要且镇级政府能够有效承接的事权，区级部门要尽快下放至镇行使。

（二）遴选试点镇探索强镇扩权改革模式

通过强镇扩权改革赋予特大镇与人口和经济规模相适应的经济发展、公共服务、社会治理等管理权限，在当前具有较强的紧迫性。但受现有管理体制及镇级政权自身能力的制约，强镇扩权改革面临诸多困难，比放权强区改革在效果上具有更大的不确定性。要确保改革取得实效，必须精心谋划、注重统筹，做到改革任务相互协调、改革成果彼此配套。增城区新塘镇与花都区狮岭镇具有经济实力强、产业基础好、吸纳人口多，主要经济社会发展指标位列广州市特大镇前列；但权责不匹配的问题突出，有较强改革意愿，具有典型性，试点的样本意义比较大。建议选择新塘镇和狮岭镇为强镇扩权改革试点镇，探索可学、可复制的经验，形成比较系统的强镇扩权模式后再向全市推广，避免走弯路。

（三）进一步加大权力下放力度

强镇扩权要围绕激发基层发展活力、方便企业群众办事、加强执法管理三大重点，赋予特大镇相应的经济管理和社会治理等权限，同时在财权、人事权及用地指标等方面予以保障，增强特大镇经济社会发展能力，推进管理服务重心下移。

1. 全面下放县级经济社会管理权限

考虑到试点范围较小，允许试错，为营造改革的浓郁氛围，确保特大镇权责相称，建议在权力下放方面加大力度，以权力下放为原则，以不下放为例外，赋予试点镇完全的县级经济社会管理权限，确保在产业发展、规划建设、项目投资、市场监管、安全生产、环境保护、社会治理、公共服务等方面全面扩大试点镇的管理权限。其中涉及的没有法律法规或规章明确可由镇行使的行政许可和行政执法事项，下放时应当按法定程序和要求办理，如通过上级部门与特大镇签订委托协议书的形式，将投资项目的核准和备案、建筑工程许可证核发等职权下放到镇政府；其他行政管理事项，可直接交给镇行使。对于暂时不具备条件下放的县级经济社会管理权限，要明确下放时限，积极创造条件，确保逐步下放到位。

2. 确保财权与事权相匹配

特大镇政府享受独立财权，按照事权和支出责任相适应的原则，逐步明确特大镇政府事权和支出责任，确保镇级有相对稳定的财力来履行职能。坚持管理权下沉"费随事转"，上级政府对下放给特大镇的事权，要给予相应财力支持。应由上级政府承担的支出责任，不得转移给特大镇政府承担。特大镇基础设施按照相同人口规模城市市政设施标准进行建设发展，符合条件的产业、社会事业和基础设施建设项目，优先列入市重点工程，并安排专项资金给予支持，有效解决特大镇基础设施和社会资源短缺等问题。完善与特大镇相关的财政分成办法，建立财政激励机制，明确一定时期在基建投资以及新增财政收入返还、土地出让金等方面对特大镇给予支持，特大镇的国有土地出让收益（土地出让收入扣除土地储备成本和政策性计提资金），原则上专项用于该镇建设，并可考虑安排专项资金对特大镇经济社会发展给予支持。鼓励金融机构和各类社会资本在特大镇设立新型金融机构，为城镇建设发展提供金融服务。允许特大镇依法组建城镇建设投资公司，拓宽融资渠道，吸引各类资本以多种方式参与特大镇基础设施、社会事业和产业功能区的建设。

3. 改革人事权

选配素质好、能力强的干部到特大镇党政领导岗位，对工作业绩突出、表现优秀的党政正职，可在职数规定范围内提拔为上一级领导班子成员并继续兼任现有职务。在机构编制限额内，赋予特大镇灵活用人自主权。垂直部门派驻特大镇的机构及主要领导干部的考核要纳入特大镇考核体系，主要领导干部的任免须事先征求特大镇党委意见。拓宽特大镇干部选拔任用渠道，完善人才引进机制，提高基层干部待遇，并针对规划、建设等专业性强的岗位实行干部专项挂职锻炼制度，确保基层需要的人才进得来、留得住、干得好。

4. 强化用地指标和用地规模保障

按照科学发展、统筹发展和推进新型城市化的要求，突出特大镇在城市总体规划中的地位，加强特大镇总体规划与土地利用、环境保护等各类专项规划的有机衔接。在充分考虑特大镇发展需要的基础上，加大对特大镇的用地支持力度，市政府每年单独列出一定数量的用地指标，专项用于特大镇发展，由市国土资源部门直接下达给特大镇。支持和鼓励特大镇通过"三旧"改造，开展土地整理，做到集中用地和集约用地；对符合条件的项目，优先核定土地周转指标给予支持。

第五章　东莞市简政强镇改革

改革开放 40 多年来，随着我国经济社会的快速发展和城市化进程的持续推进，以长三角和珠三角地区为代表，东部沿海地区的部分乡镇迅速壮大，形成了一定数量的"超级镇"。这类"超级镇"经济繁荣、人口密集、产业发达，达到甚至超过国内一般县（市、区）的发展程度。值得注意的是，尽管这类"超级镇"的经济社会发展达到了很高的水平，但其行政职能依然按照一般乡镇的职责权限来配置，从而产生了"人大衣小""小马拉大车"等问题，逐渐成为制约经济社会进一步发展的突出问题。

简政强镇改革是近年来我国继大部门体制改革之后，专门针对乡镇行政管理体制进行的又一门改革。简政强镇改革的目的是通过扩大乡镇政府的经济社会管理权限与优化政府职能，释放政策红利，解决镇政府功能定位与其行政管理体制间的矛盾。研究指出，简政强镇包括两方面的具体指向，即外部治理机制维度的"简政"和内部治理机制维度的"强镇"。[①] 所谓简政，是指简化政务工作的职能范围和流程环节；所谓强镇，是指强化镇政府的经济社会管理职责功能和权力分配。从 2009 年至今，东莞市简政强镇改革稳步推进，并产生了较大的社会影响，为其他地区简政强镇改革提供了经验和借鉴。

一、改革背景

东莞市位于广东省中南部的珠江三角洲地区，是我国改革开放的前沿阵地。1985 年，东莞撤县建市。1988 年，东莞升级为地级市，直属广东省管

---

① 叶贵仁、钱蕾：《"选择式强镇"：顺德简政强镇改革路径研究》，《公共行政评论》2013 年第 4 期。

辖。东莞市的行政管理体制与国内其他地级市相比不尽相同，而是实行市直管镇、中间不设县区的行政管理体制，是全国 5 个不设县区的地级市之一。①目前，东莞市直接管辖 28 个建制镇和 4 个直属街道。尽管东莞市没有县一级政府，但在实际运行中，县一级政府的职能主要由市、镇两级政府来履行。东莞市实行市直管镇、中间不设县的扁平化的行政体制管理模式，提高了行政效能，降低了行政成本，对促进镇街经济社会快速发展起到了积极作用。随着时间的推移，东莞市各镇街日益扩大的经济总量对行政审批、市场监管提出了更高的要求，不断涌入的外来人口对公共服务和社会管理带来了更多的需求，传统的行政管理体制变得有些力不从心。

按照我国现行法律法规的相关规定，只有县级以上人民政府才能行使行政审批权和行政执法权。目前，东莞市的各镇街在实际运行中已经基本承担县一级政府的经济和社会管理任务，但其经济社会管理权限仍然按照普通乡镇一级配置。在这种模式下，出现了两个方面的问题：一方面，镇街政府缺乏经济社会管理权与执行权，与省、市政府派驻乡镇机构之间的关系比较混乱；另一方面，镇街政府与市政府之间的事权与财权不相匹配，无力承担广泛的公共服务和高质量的公共产品。由于编制有限，很多镇街不得不长期以"政府雇员"的形式聘请人员开展行政管理工作，已经成为制约经济社会进一步发展的"瓶颈"。

2008 年，全球金融危机蔓延。受此影响，东莞市的经济增长速度有所下滑，增速从两位数放慢到个位数，甚至在 2009 年第一季度出现负增长。在当前经济全球化的国际环境和全国各地快速发展的形势下，东莞市需要加快转变经济发展方式，营造一个市场化、法治化、国际化的营商环境。而实现上述目标，需要政府自身的改革创新，特别是镇街政府的行政管理体制改革。2009 年，广东省以东莞市、佛山市两个地级市作为试点城市，选取两个市的部分乡镇探索实施扩权强镇改革。2010 年，根据相关要求部署，广东省将扩权强镇改革更名为简政强镇改革，对乡镇政府的职能及具体的经济社会管理权限配置进行大幅度的变革调整。作为试点地区，东莞市于 2009 年选取石龙镇、塘厦镇为试点开展改革，2010 年推开到其他 11 个中心镇和街道。经过

---

① 其他 4 个地级市分别是广东省中山市、海南省三沙市和儋州市、甘肃省嘉峪关市。

10 余年的改革探索，目前东莞市 32 个镇街已基本建立起适应镇街经济社会发展实际需要的政府职能体系，取得了较好的改革成效。

二、改革过程

纵观这些年的改革历程，东莞市简政强镇改革可以分为谋划时期、试点时期、推行时期和铺开时期 4 个阶段。

一是谋划时期。2009 年 7 月 14 日，时任广东省委书记汪洋在《经济内参》中提出，东莞市和佛山市要选择一两个镇开展扩权强镇试点工作。按照汪洋同志的指示，佛山市选取了顺德区容桂街道、南海区狮山镇作为试点，东莞市则选取了石龙和塘厦两个镇作为试点，筹划开展扩权强镇试点工作。2009 年 8 月 3 日，东莞市制定了《开展扩权强镇试点工作的实施方案》。2009 年 8 月 13 日，东莞市成立市扩权强镇工作领导小组，由市委、市政府主要领导担任组长，市各相关职能部门和试点镇主要负责人担任小组成员，组织推进试点工作。2009 年 10 月 27 日，东莞市印发《关于扩权强镇试点工作的实施意见》，明确按照赋予试点镇县级管理权限的要求，将市发改局等 27 个行政机关的 248 项行政管理事项及权限以直接下放、委托、交办等形式交由石龙、塘厦两个试点镇行使。

二是试点时期。2009 年 11 月 2 日，东莞市召开全市扩权强镇试点工作会议，正式启动试点扩权强镇实施工作。2009 年 11 月 4 日，东莞市印发《东莞市扩权强镇试点工作实施细则》，明确试点镇和市直放权部门的职责，要求试点镇承接市直部门下放的事权后，应承担相应的行政过错责任和相关法律责任。2010 年 4 月 7 日，根据广东省委办公厅、省人民政府办公厅印发的《关于简政强镇事权改革的指导意见》，东莞市将"扩权强镇"试点工作更名为"简政强镇"试点工作。2010 年 4 月 26 日，东莞市印发《关于进一步扩大石龙、塘厦经济社会管理权限的通知》，明确在《东莞市扩大石龙镇、塘厦镇经济社会管理权限事项目录》的基础上，增加将市发改局等 27 个行政机关共 235 项行政管理事项及权限以直接下放、委托、交办等形式交由石龙、塘厦两个试点镇行使。至此，包括原来已经下放给试点镇（或分局）行使的 92 项事项，东莞市共下放给试点镇 575 项行政管理事项及权限。

三是推行时期。2010 年 7 月 30 日，东莞市召开全市简政强镇工作会议。根据这次会议的工作部署，东莞市的简政强镇工作向除石龙、塘厦两个试点镇以外的虎门、麻涌、石碣、厚街、长安、寮步、大朗、樟木头、凤岗、常平、桥头 11 个中心镇和松山湖、虎门港、生态园 3 个园区推开。2010 年 8 月 31 日，东莞市印发《东莞市推开简政强镇事权改革实施方案》，将 542 项管理事项及权限依法下放给除石龙、塘厦两个试点镇以外的 11 个中心镇和松山湖、虎门港、生态园 3 个园区行使。

四是铺开时期。2017 年 3 月 16 日，东莞市印发《东莞市全面推开简政强镇事权改革实施意见》和《关于全面推开简政强镇机构改革实施方案》，并召开全面推开简政强镇事权改革工作会议，将简政强镇事权改革推开到其他 17 个镇街。相关事权下放后，各镇街承接上级下放的事权将达到 3526 项。至此，简政强镇改革已经覆盖东莞市所有镇街和园区。

三、主要内容

东莞市以简政强镇改革为契机，克服体制机制束缚，破解深层次发展矛盾，在机构设置、管理关系、事权配置等多个方面协同推进，探索建立适应城乡统筹协调发展需要和服务型政府建设要求的镇级行政管理体制和运行机制。归纳近年来东莞市开展简政强镇的主要做法，结合东莞市最新印发的《东莞市全面推开简政强镇事权改革实施意见》和《关于全面推开简政强镇机构改革实施方案》等文件，将东莞市开展简政强镇的主要内容概括为以下方面。

第一，推动事权下放，激发基层活力。按照"统筹管理权上移、业务管理权下沉"的思路，东莞市将市一级部门代为行使的县级事权及部分市级权限事权下放给镇街行使。通过改革，东莞市将 3500 多项事项下放给各镇街、园区行使，约占市级权限总数的 50%，使各镇街经济社会管理权限基本达到县一级政府的水平。同时，对于不利于统筹管理和综合平衡、不利于准确高效执行以及不宜下放给镇街、园区实施的事权，收归东莞市直部门行使，进一步优化市、镇两级权责配置。通过事权下放，行政效率得到有效提高，审批事项办理时间普遍缩短。部分事项下放行使后，初审和终审权不再分属市、镇两级政府，而是由镇一级政府统一行使，降低了行政成本。在下放大量权限给基层行使的同时，东莞市坚持财权和事权相统一，着力扩财权、增财力，对市、镇财政管理体制进行系统调整。对原属市直部门垂直管理调整为下放镇街管理的派出机构，东莞市财政按改革实施前一年实际下拨到相关分局的基本经费核定为固定补助基数，按季度补助到镇街财政，以保障不增加镇街财政负担，确保下放的事权顺利实施。

第二，深化机构改革，提升机关效能。坚持把机构体制改革作为基础工作和提升效能的抓手，对镇街的党政机构设置和事业单位进行调整优化。一是综合设置内设机构，搭建大管理格局。针对各镇街内设机构设置不统一、职责分工不规范、编制资源分散等问题，对镇街内设机构和事业单位的设置进行系统的整合、调整、优化。改革后，各镇街的内设机构一般设置为"3办7局"，并重新制定明确"三定"方案，确保各内设机构适应承接上级下放事权需要。二是大力整合事业单位，优化资源配置。按照精简、统一、效能的原则，通过调整、合署、挂牌等多种办法，对镇街事业单位进行优化。改革后，各镇街事业单位一般整合设置为21个，其中与行政机构合署办公的有11个，独立设置的有10个，以更好地统筹整合资源。三是创新派驻机构管理，解决"权责分割"问题。东莞市直部门在基层的派驻机构原来实行"双重"领导，以市直部门领导为主，容易造成基层"权责分割"问题。对此，东莞大力创新管理模式，对原属市直部门管理的人力资源分局等4个派出机构和粮所等4个事业单位，将其人、财、物全部下放给属地管理，促使机构管理模式由以"条"管理为主向以"块"管理为主转变。通过机构体制改革，东莞市各单位职能及资源得到有机整合，基本实现大部门管理，运行机制更顺畅。

第三，创新用人机制，提高队伍活力。在推进人员编制资源向基层倾斜的同时，东莞市积极推进各镇街创新用人机制，有针对性地解决基层人员编制不足的问题。一方面，赋予用人自主权。除领导班子成员及医院院长、社卫中心主任外，镇街其他领导干部的人事任免权全部赋予各镇街党委行使。另一方面，下放人事管理权。将事业单位人员招考录用（除医院、学校）、行政事业单位中层以下岗位聘用等人事管理权下放给各镇街行使，下放管理的派驻机构的主要领导也由各镇街党工委征得市直对口部门同意后任免。各镇街、园区医院院长、社卫中心主任由市卫生和计划生育局征得镇街、园区党（工）委同意后任免，其他领导由属地党委提出人选建议并征求市卫计局意见后任命。

第四，加强用权监管，健全监督体系。相关权限下放后，为防止出现权力行使不当、管理执行不力、服务质量不优的情况，东莞市以"放好权、接好权、用好权、管好权"为指导，加强对用权行为的监管。一方面，加强用权指导。针对下放的权限，部署市直各放权部门制定详细的下放事权实施方案，明确每项下放权限的行使依据、操作流程、工作要求、注意事项等内容，并注意加强对用权行为的指导和检查，规范用权行为。另一方面，加强用权监督。出台《东莞市简政强镇下放事权运行监督管理暂行办法》，要求放权部门与承接镇街签订委托协议，做好业务培训工作，实行事权动态管理等10多项监督制度。

四、改革影响

简政强镇改革是东莞市行政管理体制的一次重大变革。东莞市通过实施简政强镇改革，科学划分了市、镇两级政府权限，扭转了镇街政府"责任如西瓜、权限如芝麻"的问题。改革之后，镇街政府的管理效率得到提高，公共服务能力得到增强，同时"条块"之间的矛盾也有了一定程度的缓和。[①]具体而言，一方面能够继续发挥东莞市行政管理体制"链条短、效率高"的优势，破解深层次发展矛盾和体制机制束缚；另一方面完善了基层政府的功能，激发了基层经济社会发展的活力。概言之，简政强镇改革推动了镇街政府经济社会管理职能由"权小责大"向"权责一致"积极转变。[②]

第一，理顺了上下关系，提高了行政效率。东莞市通过设立派出机构、调整管理模式、下放管理权限三种方式，各镇街政府被赋予了大量县一级甚至是市一级的经济社会管理权限，这就大大提高了行政效率。各镇街政府承

[①] 王巍、唐晓阳、王学敏：《乡镇新一轮行政体制改革的问题与对策——以东莞市塘厦、石龙镇为例》，《岭南学刊》2011年第1期。

[②] 邵任薇：《构建"简政强镇"改革的实现机制：基于改革困境的考量》，《城市发展研究》2012年第4期。

接大量的经济社会管理权限后，在相关领域拥有更多更大的职权，享有更加完整的政府职能体系，既能促使其更加完整地制定执行某一领域的政策、更加完整地开展各个领域的综合管理、更加完善地提供公共服务，又能进一步提高其履行政府职能的针对性和灵活性，针对辖区内的实际情况灵活地履行职能，更好地发挥基层政府的作用。从各镇街开展社会管理、提供公共服务的实际情况来看，一方面，各镇街政府能就近开展服务管理工作，市民群众享用政府提供的公共服务，到政府机构办理有关事项更为方便；另一方面，各镇街政府承接行使有关经济社会管理事项后，相关事项的办事效率大幅提高，下放事项的办理周期普遍缩减。

第二，整合了各类资源，降低了行政成本。东莞市在开展简政强镇改革工作过程中，把有关经济社会管理权限下放行使是否有利于降低行政成本作为一项重要标准，以此来决定有关事项是否下放给镇街政府行使。通过实施简政强镇改革，镇街政府承担的上级下放事项，能够在属地镇街直接办理，特别是审批事项，不再需要层层报批，不仅降低了行政成本，同时也降低了办事人办理相关事项的经济成本、时间成本。东莞市市直部门在各镇街设置了许多派出机构，大部分派出机构的管理是由镇街政府直接领导，节省了大量市、镇两级沟通协调的行政成本。此外，从财政开支的角度来看，各镇街政府通过简政强镇改革基本获得了县一级人民政府的权限，但其机构编制仍按乡镇一级人民政府配备，故其机构较少，人员精减，相应的财政支出就较少。

第三，完善了基层功能，激发了基层活力。东莞市通过简政强镇改革，将大量经济社会管理权限下放行使，使得各镇街政府在机构编制相对精简的情况下拥有更大的权限，能够更灵活地履行其政府职能，承担更多的社会管理和公共服务工作任务，发挥地方政府作用。与其他地区乡镇政府相比，东莞市各镇街政府具有更高的主观能动性，一些体现地区意志的政策部署得以出台和实施。在人事管理权方面，各镇街政府几乎享有对本机关的全部用人权，对派出机构也拥有领导任免权和人事管理权，这使得各镇街能够灵活地任免干部、筹措人员。在财政管理权方面，东莞市财政局派出机构的下放管理，使得各镇街政府享有一级财政权，可以独立开展预决算工作，决定财政收入的支出途径、方式、额度，从而为地方发展服务。事权、财权和人事权的下放大大激发了基层政府的活力和动力。

五、未来方向

习近平总书记深刻指出："改革开放只有进行时、没有完成时。"① 任何一项改革不可能一帆风顺，也不可能尽善尽美。正如有研究者所指出的那样，简政强镇改革是"在现有行政管理体制框架下对县乡经济社会管理权限的调整，是政府间关系的重新协调，涉及重大利益的分配和制度的重构，不可能一蹴而就"②。东莞市简政强镇改革同样如此。尽管东莞市简政强镇改革取得了很大的成效，但在改革的过程中，还存在不少困难和问题，包括市级部门未能充分放权、部分镇街未能充分行使下放事权、部分事项难以对接、下放权力监管力度有待提升、镇街政府部分承接事权不受法律保护、基层政府机构和人员编制制约等。东莞市简政强镇改革存在的上述困难和问题，一些是在东莞市权限范围内可以得到解决的，一些却越出了东莞的权限范围。进一步深化东莞市的简政强镇改革，必然涉及顶层制度设计和整个行政管理体制，需要从更宏观的层面来进行改革调整。进一步推动简政强镇改革，东莞市需要在深入贯彻落实上级方针、政策、部署的基础上，结合自身工作实际，做好各项工作。

第一，完善上位立法。在当前全面依法治国、建设法治政府的大背景下，乡镇政府职能的设置及其行使，必须在我国现行的法律法规框架内进行。然而，在实际工作中，部分法律法规的制定、修订、调整、撤销常常落后于发展，而这种立法上的滞后有可能成为政府职能调整优化的桎梏。这一点，在东莞市镇街政府职能优化的改革过程中，法制"瓶颈"显得更加突出。经过多年的改革调整，东莞市市直管镇体制在现行法律法规的范畴内已基本调整到位，缺乏进一步调整优化的空间。受此影响，进一步推进改革深入，需要在上位法层面完善立法工作，为东莞市镇街政府职能体系优化提供保障。2019 年 6 月，广东省人民政府组织制定了《广东省人民政府关于赋予经济发达镇行政管理体制改革试点镇县级行政职权通用目录》，决定将 325 项县级行

---

① 《习近平谈治国理政》，外文出版社 2014 年版，第 71 页。
② 刘玉蓉：《广东省"简政强镇"改革后的路径完善探析——以佛山市顺德区容桂街道为个案》，《探索》2011 年第 6 期。

政职权赋予经济发达镇。上述文件的出台为东莞市简政强镇改革释放出更多的改革空间和政策红利，有助于扩大和优化镇街政府经济社会管理权限。

第二，加强地方立法。东莞市特殊的行政管理体制客观上要求中央和省一级政府应当必须给予东莞市必要的"自由裁量权"，允许东莞市在一定的权限内，对其自身的行政管理体制、政府职能体系等的具体内容进行灵活调节，以适用上级制定的各类法律法规和方针政策。这里的地方的"自由裁量权"，最为重要的就是地方立法权。事实上，东莞市从 2009 年开始向省、国家申请"较大的市"立法权。2015 年，十二届全国人大三次会议在《中华人民共和国立法法修正案（草案）》说明中，确定赋予东莞市与设区的市同样的地方立法权。东莞市要利用好赋予的地方立法权，立足地方实际抓好地方立法工作，在法律的框架范围内对乡镇政府的职能设置进行系统梳理，赋予各镇街一定的县级地位。

第三，优化政府职能。党的十九届三中全会审议通过了《中共中央关于深化党和国家机构改革的决定》和《深化党和国家机构改革方案》，对深化党和国家机构改革作出了全面规划和系统部署。东莞市要以新一轮党和国家机构改革为契机，优化东莞市各镇街的政府职能设置，既要求自上而下地推进整个政府职能体系的调整，又要求东莞市结合自身实际，合理划分市、镇两级职责，科学设定各镇街政府职能。要推进压减政府职能，将政府不该行使的政府职能坚决取消，推进政府职能瘦身。一方面，对基层政府过度管理经济发展、产业发展、市场行为的职能，应予以取消；另一方面，要对各镇街政府不该承担的职能进行清理，彻底为镇街政府放权瘦身。此外，要发挥社会在开展社会管理和供给公共服务中的作用，加快培育和发展社会组织，营造一个共建、共治、共享的社会治理格局。

当前，东莞市正处于在更高起点上实现更高水平发展的关键时期，必须根据新形势、新任务、新需求，抓住粤港澳大湾区建设这一重要契机，着力构建推动高质量发展的体制机制，以改革创新思维为引领、以坚持依法行政为基础、以提高行政效率为核心，不断深化简政强镇改革，加强与其他各项行政改革的联动，切实抓好行政审批标准化建设、行政办事流程再造、网上办事大厅和实体办事大厅协同建设、推进"宽进严管"、实施"智网工程"等工作，以强大的执行力推动中央、省、市各项决策部署的落地落实，积极打造与更高水平发展相适应的政务环境，奋力开创新时代东莞市工作新局面。

第六章　汕头市濠江区简政放权改革

一、历史背景

(一) 汕头市濠江区的基本概况

濠江区是汕头市南岸中心城区, 于 2003 年 3 月经国务院批准后由原达濠区和河浦区合并而成, 总面积为 134.88 平方千米。辖达濠、礐石、广澳等 7 个街道办事处, 总人口约 32 万。濠江区交通区位优势明显, 三面环海, 海岸线长 92.8 公里。濠江区人口密度低, 可利用的土地资源极为丰富, 已规划有省产业转移园、南山湾科技园、广澳物流园、大三联工业区、塔头危险品仓储区等工业园区。

但改革开放以来, 汕头经济发展的重心向北边的龙湖区和金平区倾斜, 而与之隔海相望的濠江区的经济发展受到了一定的限制, 很多优势和资源没有充分利用, 经济社会发展相对比较落后。

汕头市对城市基础设施建设投入呈现区域性的不平衡状况, 城市建设管理体制不尽合理, 对濠江区的投入总体不足, 濠江区作为经济欠发达地区却长期承担了与区财力不相对称的城市建设管理责任, 导致基础设施发展极为缓慢, 基础设施建设欠账较多, 城市化水平不高, 建设步伐偏慢, 城区面貌、市政环境和城市中心区的要求差距悬殊。濠江区作为市辖区, 在经济社会方面的很多权限, 或是需要报市审批, 或是无条件服从市管理。

(二) 濠江区的行政体制综合改革背景

开展行政体制改革, 旨在简政扩权增财力, 服务发展转职能, 有利于消除体制性障碍，破解经济社会发展的深层次矛盾，从根本上解决区域经济社会发展不平衡问题。2009 年，佛山市顺德区作为广东省经济发达县（区）行政体制改革的典型，以"石破天惊"的力度推进了以党政联动、实行大部门体制为重点的行政体制改革，为广东省深化县级行政体制改革发挥了示范效应和引领作用。2011 年 3 月以来，汕头市濠江区作为广东省经济欠发达县（区）的"改革先锋"，以转变政府职能为核心，以简政放权和大部门体制为重点，以创新运行机制为突破口，成功克服欠发达地区开展行政体制改革的各种困难，全面完成行政体制综合改革试点工作，为广东省其他欠发达地区的改革探索一条新路。

二、汕头市濠江区改革过程

自 1978 年改革开放以来，广东省一直是改革的先行先试地区，先后共经历了数次大型的改革。2009 年 3 月，中共广东省委、广东省人民政府出台了《广东省市县人民政府机构改革意见》，新一轮行政管理体制改革正式拉开帷幕，随后深圳、佛山、顺德、广州和珠海先后启动大部门制改革。

其中，深圳大部门制改革的核心是"行政三分"，即政府决策权、执行权、监督权三分，既相互制约又相互协调。产业管理、规划国土、文体旅游、交通、城市管理、人居环境等部门都调整为大部门制，31 个政府部门调整为 16 个"委""局""办"，精简幅度近三分之一。顺德和珠海大部门制改革的特点在于"党政联动"。顺德通过"合并同类项"的方式将一些政府的机构合并到党委机构，比如将党委宣传部门和政府的文化部门合并在一起，将政法委与司法局合并在一起，将组织部门和人事局合并在一起。此外，顺德还探索扁平化管理，重大决策权将集中由区联席会议行使，各大部门首长将由区委、区政府副职担任，建立部门首长负责制，减少了副区长分管、秘书长协调的两个环节，实现党政决策和管理的扁平化。顺德的大部门制改革也是精简幅度最大的样本，由 41 个部门精简至 16 个部门，精简幅度接近 2/3。

2009 年 12 月，中共广东省委办公厅、广东省人民政府办公厅出台了《关于富县强镇事权改革的指导意见》，提出进一步创新行政管理体制机制，实行简政放权，促进富县强镇，增强县镇经济社会发展活力。2010 年 11 月，中共广东省委办公厅、广东省人民政府办公厅出台了《关于推广顺德经验在全省部分县（市、区）深化行政管理体制改革的指导意见》，要求在全省 25 个县（区）全面开展行政体制改革试点工作。2011 年 3 月以来汕头市濠江区作为广东省欠发达地区的"改革先锋"，成功克服欠发达地区发展行政体制改革的各种困难，全面完成行政体制综合改革试点工作。

三、汕头市濠江区改革的举措

（一）扩大管理权限

濠江区作为汕头市三个中心城区之一，与北区的金平区和龙湖区隔海相望，而区级行政管理权限不够，对区域内的经济社会管理事项无法自主管理，企业和群众办事经常需要"出区""过海"，效率低下，办事成本高。濠江改革的其中一个动力就是最大限度地扩大区级政府的管理权限。但是，为了减少改革的阻力，濠江区提出扩权强区的思路，即利用改革试点的政策窗口打破原有的市、区管理模式，按照依法放权、能放尽放的原则，实行法定化的事权改革，最大限度地将市级事权下放给濠江区实行，从而实现扩权强区的目的。

从汕头市和濠江区的实际出发，濠江区在改革方案中提出"充分运用汕头市立法权及行政规章制定权，将汕头市直其他所有经济社会管理和行政执法权限以市人大、市政府及各部门通过立法赋权、行政授权、行政委托等方式下放给濠江区行使"。改革过程中，市政府共下放市级事权 483 项，其中第一批 346 项、第二批 137 项，使濠江区获得相当于地级市的经济社会管理和行政执法权限。改革后，除转发省的文件外，汕头市有关部门不再就已下放事权的相关事务向濠江区行文和部署工作任务，濠江区相应承担相关行政责任。

（二）特区立法支持

为了保障和巩固改革成果，濠江区充分总结以往其他地区改革经验及教训，利用汕头特区立法权，通过市人大立法介入改革，进一步探索市、区职责关系法定化，这是濠江区行政体制综合改革最大的亮点。汕头市人大常委会通过地方立法的形式界定市、区权责划分和调整程序，并规定汕头市各级任何单位和个人非经法定程序，不得干预、上收已经下放到濠江区的行政管理职权。这一重要保障举措，可以避免因人废事和纵向政府间权力收放的随意性，实行了市、区政府间职权关系法定化。汕头市政府则通过出台政府规章，明确从 2011 年 9 月 1 日起，濠江区政府及工作部门全面行使汕头市政府及工作部门赋予的经济社会管理和行政执法权限。同时还规定濠江的改革创新措施与汕头市制定的规章有冲突的，可以将改革创新措施方案提请市人民政府批准施行，再按照立法程序及时修改、废止相关的规章。

（三）大部门制改革

市、区职责关系调整后，濠江区参考借鉴顺德大部门制改革经验，结合区情实际，优化再造组织架构，以更好地承接各项市级事权。对各部门的相关相近的职能进行"职能同类项合并"，适当统筹设置党委部门和政府部门，实行"部门同类项合并"，将原 28 个党政部门整合为 22 个，形成 7 个综合性大部门，精简政府工作部门近 1/3，从而实现职能有机统一的大部门体制。在制定各部门"三定"过程中濠江区还实行"内设机构同类项合并"，科学合理地组建大股室。通过各种"同类项合并"，优化政府组织结构，充分发挥"化学反应"，在一定程度上解决职责交叉、政出多门、推诿扯皮、权责脱节等问题，也降低了行政成本。同时，濠江区还加强对部门内部职责的调整分工，整合优化内部办事程序和流程，使大部门制从外到内，从简单的"物理反应"真正过渡到"化学反应"。大部门体制改革省去了企业和群众"跑部门"之苦，改革前要到几个部门办的事，改革后在一个部门即可办结。

（四）简政放权

濠江区以转变政府职能为核心，以取消和下放等事项为重点，按照"该放尽放"的原则，全面清理和精简全区现有的行政审批事项，大幅减少行政审批事项，并将更多行政审批、许可事项改为登记、备案制。进一步降低准入门槛，积极向市场、向社会、向基层简政放权。对重复、相近的审批事项进行整合归并，一件事情原则上由一个部门负责，确需多个部门审批的明确牵头部门，建立信息共享和协调配合机制，防止多重审批和推诿扯皮。

另外，还重点对工程建设类行政审批流程进行流程再造，压缩审批环节和审批周期，减少申报材料。还按照"一窗式"受理、"一站式"办结、"一条龙"服务的理念，建设区综合政务服务平台，健全办事制度和程序，优化运行机制，完善便民利民服务形式。

（五）综合执法

濠江区在全面开展行政体制综合改革时，其中改革亮点之一是积极为综合行政执法探路，先行先试探索推进综合执法体制机制创新。濠江区将原来分散在各部门的12项执法职能和相关执法队伍整合起来，建立职能有机统一的大综合执法体系，节省了行政资源，提高了工作效力和执法实效，切实增强了基层管理服务能力，进一步减少推诿扯皮、职能交叉现象，填补监管空白。同时，综合行政执法纵深推进执法重心下移，进一步理顺部门职责，增强基层执法能力，提升整体执法服务水平。

首先，由汕头市人民政府出台了《关于汕头市濠江区城市综合执法和安监局开展综合行政执法工作的公告》，明确区综合执法局在濠江区行政区域内行使监督检查、行政处罚以及相关行政强制职权，进一步明确执法主体。其次，为纵深推进综合执法改革，通过区综合执法局向7个街道统一派驻综合执法队，建立健全"重心下移、以块为主、条块结合、职责明确、运转协调"的综合执法体制机制。街道综合执法队负责派驻街道辖区内行政执法工作，并协助街道加强社会管理和服务工作。再次，多次组织执法人员进行封闭式集训，形成常态化的集训模式。通过集中的训练和业务知识培训，全体执法人员的法律意识、团队精神、纪律观念、身体素质和业务水平有了明显提高，队伍的整体形象和精神面貌焕然一新。最后，完善综合执法配套制度，加强执法队伍的内部管理，做到以制度管人、管事，用制度规范各项工作和执法人员行为。

四、濠江区行政体制综合改革未来发展方向

（一）完善改革法律保障体系

濠江区行政体制综合改革内容非常丰富，既涉及市级事权的下放，又涉

及大部门体制改革，而且行政审批制度改革力度也较大，因此更需要相关立法文件进行详细的规定，使改革过程有序化和规范化。唯有以配套的法律法规为基础，才能真正享受到行政体制改革的红利。作为首个发力攻坚行政体制改革的欠发达地区，濠江区前期已经利用汕头特区立法权，通过市人大立法介入改革，以正式立法的形式界定市、区权责划分和调整程序，确保改革能够在法律的保护下顺利推进。这个做法切实保障了濠江区行政体制综合改革试点工作，可以避免因人废事和纵向政府间权力收放的随意性，将改革的成果通过立法固化下来。因此，濠江区应该继续充分利用汕头市经济特区所拥有的立法优势，加强对改革过程中出现的相关问题进行研究，争取市人大加快立法进程，进一步破解濠江区行政体制综合改革的制度障碍问题，巩固改革成果，为法治政府的进一步构建提供法律保障。同时，将濠江区探索出来的比较成熟的经验进行总结，积极争取省人大的支持，在更高层面构建完善配套的法律法规。

（二）完善政府间合作治理体系

政府间合作网络所提出共同的公共事务的解决需要政府间的共同努力和联合行动，不仅包括横向同级多个辖区政府间的相互合作，也包括纵向上下级政府间的合作。这些努力和合作演变成为一个政府间合作体系，从而实现责任的共同承担以及问题的公共解决。濠江区的行政体制综合改革看似区级层面的改革，实质上更需要上下级政府以及同级政府间的共同支持和合作。

此外，行政体制改革是对现有制度的突破，部分上级职能部门出于某种考虑也会干扰基层改革，单靠区县一级自身的力量无法消除、对抗来自各方面的制约。因此，要继续全面深入地推进濠江区行政体制综合改革工作，构建政府间合作治理体系尤其是加强上级政府的支持和合作具有非常重要的作用。省、市政府必须发挥统筹协调作用，充分利用法律、政治、行政等资源，通过加强"顶层设计"和高层协调等措施，对改革相关工作加以规范，从法律层面和政策层面帮助改革地区扫清各种制度障碍，有效减少改革阻力。

（三）提高群众参与度

从表面上看，行政体制改革在一定程度上只与行政体制内的工作人员有密切的关系，而与社会群众没有直接的利益关系。但是行政体制改革的成功与否，却与群众的利益息息相关。一项以人为本的行政体制改革，最后惠及的是当地的百姓和群众。在正确的、理性的指导下，发挥广大群众参与改革的积极性，群众的力量是无法估量的。网络治理中的社区治理就是充分发动群众共同治理社区。在很多情况下，社区治理并不是自发形成的，而是政府部门主动建构的结果。

在濠江区深化行政体制综合改革过程中，应该增强对群众参与改革的鼓励和支持力度。要强化对行政体制改革的宣传，通过电视、广播、报纸、政府网站等多种形式，进一步拓宽宣传渠道，广泛开展宣传活动，将改革的各项政策，改革的进展情况，改革的成效、问题及接下来的努力方向等形成全面完善的宣传材料，并作为专项工作落实专门部门和专人负责，发动全区广大干部队伍以及群众一起学习，深入了解，最大限度地提升干部群众的改革参与度，如适时组织开展问卷调查、在网上征求意见、开展交流座谈会等等，广开言路，广泛听取干部群众对改革的呼声和期望，为濠江区经济社会的跨越式发展营造良好的社会氛围。推动群众直接参与濠江区改革，有助于群众融入社会治理过程，有助于提高群众的参与意识，在为濠江区改革建言献策的同时也提高对改革成果的监督和维护。

（四）完善权力监督体系

科尔曼认为，行动者都有一定的利益偏好，并且试图控制能满足自己利益需要的资源。权力的集中化是滋生腐败的温床。在行政体制改革的过程中，由于权力资源的集中化而导致的权力寻租性腐败行为正在侵蚀着改革成果。这就决定了经过行政体制改革的政府更需要被社会大众所监督，在当前信息化时代，对防止权力寻租，外部监督机制的建立越来越重要和迫切。

濠江区应该加快推进纪委、监察和审计等相关部门的职能整合优化，真正实现"大监督"格局。全面梳理和优化整合党政系统在权力监督方面的各种资源，在提升监督权威性的同时，提高监督的专业化水平，形成监督工作的合力。[①] 重点探索制定区直各部门的权力清单制度，使得对权力的监督"有

---

① 吴永生：《权力监督与国家治理能力现代化》，《理论探索》2015 年第 2 期。

章可循"，这是对权力的制约和监督的一个强有力的保证。建立公共政策制定监督机制，加强对行使公共权力的决策者的决策行为进行有效的制度制约和监督制约，防止滥用公共权力、以权谋私和损害公共利益行为发生。[1] 继续建立健全权力监督问责机制，加大对区直各部门权力运行过程中腐败现象的监督和问责力度，进一步消除权力滥用现象。当然，仅有内部监督是不够的，还要加强外部监督。而加强外部监督力量的构建，需要多主体和全方位的监督机制，可以带动群众有选择性地参与到改革进程中来，对政府机构改革的效果进行评价和监督，或者引入社会力量的参与，推动建立以内部监督为主、外部监督为辅的监督机制。

---

① 周业柱：《公共决策监控机制：特点、问题与对策》，《中国行政管理》2010 年第 7 期。

第三部分　政府治理机制创新

第七章 省直管县背景下的市县
合作机制研究

2002 年党的十六大召开，这次会议的亮点之一在于提出了要壮大县域经济，此后，关于省直管县改革的问题开始引起广泛重视，并数次出现在中央的不同会议、不同文件中。如《中华人民共和国国民经济和社会发展第十一个五年规划纲要》《中共中央 国务院关于 2009 年促进农业稳定发展农民持续增收的若干意见》等都对省直管县财政管理体制改革做了部署。省直管县改革试点工作从开展至今已经有十几年的历史，东北地区的辽宁省、吉林省、黑龙江省，中部地区的河南省、山西省，东部地区的浙江省、江苏省、河北省等都先后参与到省直管县改革试点工作中。①在省直管县改革实施至今成绩显著，但也面临一些现实阻力，如市县关系的对立、恶化。重构能够释放省直管县改革红利的新型市县合作关系，成为新时期突破省直管县改革困局的破壁之举。

一、省直管县改革背景下我国市县关系嬗变

（一）市管县体制期：隶属关系

1983 年，我国开始实施市管县体制，市管县体制旨在以中心城市为依托，发挥城乡优势，促进城乡之间的经济联系，形成小型的经济区。这一时期，市县之间的关系属于命令与服从、帮扶与被帮扶的隶属关系，地级市的行政

---

① 申学锋、王子轩：《"省直管县"财政体制改革脉络及文献述论》，《地方财政研究》2018 年第 9 期。

"地盘"被扩大。由于地级市权力大于县域，变相对县域进行"吃卡刮挤压"。如地级市上收财权，将从县域抽取的财政资源更多地用于市区发展建设，在城市扩张中侵占县域土地、产业资源等。

（二）改革试水期：隶属与纵向竞合关系并存

省直管县改革试水期阶段，县与市的隶属关系继续延续，但由于县域财权扩大，县域不再处于绝对弱势地位，市县之间又出现了竞争关系，市县之间的明争暗斗愈加突出。这一时期的"浙江模式"最具代表性，浙江省在1992年到2006年间共进行了四次"强县扩权"，浙江省县域经济在这四次改革中取得了进步。但改革中财政"省直管县"、行政"市管县"的体制约束并没有改变地级市利用行政领导权对县域进行挤压的局面，导致市县关系陷入更为复杂的局面。省直管县体制改革的初衷在于解决我国市县二元分割的局面，以更好地发挥中心城市的辐射带动作用，推动城乡一体化的实现，但由于对权力的重新分配和利益的重新调整触及了地级市利益，地级市通过吞县变区和控权不放等抵制省直管县改革，加剧了市县内耗。

二、省直管县改革中市县关系的主要矛盾点

（一）市县科层关系"交错纠缠"

省直管县改革之前，省市县之间的科层关系为省—市—县，改革之后市县之间的科层关系更为复杂，变成了省—市—县和省—县两种交错的混合形态。县政府的上级由地级市变成了省和地级市，在原来的上下级关系基础上又增加了新的斜向关系。这种交错的科层关系与科层组织主张的权威等级和命令统一原则不符，增加了县级政府的行政负担，县级政府原来只需要向地级市汇报工作，现在除此之外，又必须向省级政府这个新的上级汇报工作，"忙上又忙下"，增加了县级政府的协调成本。同时，由于很多地区采用省管县和市管县两种体制并行的方式，导致省、市、县三级政府在财权、事权等各方面出现扭曲配置问题，财政体制与政治体制出现严重错位。

（二）省级政府管理幅度偏小与偏大问题

从最初的省和自治区政府管理大部分县、市，到之后省和自治区政府为缩小管理幅度设立地区行政公署管理县级政府，再到市管县体制期由市直接领导县，每一个时期，省、市、县府际关系的调整都起到了一定的积极作用。管理学中的"摩西现象"解释了管理层次与管理幅度之间的关系，指出二者是反比例关系，即管理层次越多，管理幅度就越小；若管理层次越少，管理幅度就越大。按照"摩西现象"的观点，我国行政体制改革要解决省级政府管理幅度过大的问题，应当增加管理层次。但当前，我国省直管县改革却在向着相反的方向演进，即减少管理层次、扩大管理幅度。《2017 中国统计年鉴》的数据显示，我国除港、澳、台地区和直辖市外，其他 27 个省（自治区）中有 334 个地级行政区划。其中，地级市数量为 294 个，县级行政区划数为 2851 个，县级市数量为 363 个，市辖区数为 962 个。在市管县体制下，每个省政府平均要管理的地级行政单位数约为 12.4 个，每个地级行政单位平均要管理的县级政府数约为 8.5 个；而在省直管县体制下，每个省级政府平均要管理 80.9 个包括县、自治县及市在内的行政单位（数据计算暂不考虑"较大的市"可依法管县及各省间的差异因素）。① 对这些数据的分析结果表明，不同时期，省级政府管理幅度存在过大或过小的问题。

（三）省直管县改革冲击影响市县资源的依赖关系

1. 省直管县改革冲击影响市县竞争性资源的依赖关系

市县竞争性资源指的是市县都需要的且总量有限的资源，如土地资源、财政资源、金融资源等具体资源，如优惠政策、项目审批等制度性资源。竞争性资源意味着若市县一方获得的资源数量增加，另一方获得的资源数量必将减少。一方面，省直管县财政体制改革改变了县域财政收入结构。与市管县体制下县域财政收入结构相比，省直管县财政改革后，增加了税收、非税收入占县域收入的比重，进一步优化了县域财政收入的结构。另一方面，省

---

① 宋翔：《省直管县改革背景下市县之间关于放权的博弈分析》，《中国社会科学院研究生院学报》2018 年第 3 期。

直管县财政改革将对市县资源配置方式产生直接影响,省代替地级市掌握了市县资源配置的权力。此时,省的政策偏好决定了会给县配置多少资源。这种资源配置方式对扭转过去资源过度向城市倾斜有现实意义,从而保证要素供给的公平性。

2. 省直管县改革冲击影响市县共生性资源的依赖关系

共生性资源与竞争性资源存在着本质的不同,市县在共生性资源中没有直接的资源竞争,但是它们围绕资源仍会进行互利的"正和博弈"。市县间对共生性资源的依赖关系集中表现在县域对地级市经济性基础设施和社会性基础设施等公共基础设施的依赖。[①] 在这种共生性依赖关系中,市县双方都可以获利,对地级市而言,向县域共享公共基础设施,能够提高其使用效率,增加规模效应;对县域而言,可以减少财政负担。但实施省直管县财政改革后,将会对市县共生性资源依赖关系产生显著负影响,导致依赖关系的断裂。因为改革之后,县域归省直管,不再由地级市管,地级市就不再承担相应的责任和义务,市县关系中的"互惠性"被破坏,它们原本共享公共基础设施的动机丧失。地级市会排斥县域,不拿其当"自己人",对其各项工作的支持会显著下降,向其共享公共基础设施的意愿也会明显降低。以卫生部门的疾病预防控制中心为例,市管县体制下,一旦县域发生重大传染病或需要进行疾病预防指导业务,地级市会派出医护人员支援,并会利用地级市先进的传染病诊断治疗设备对疫情进行控制。但省直管县改革后,县域疾病控制中心与地级市卫生部门的疾病预防控制中心之间就脱离了联系,地级市的医护人员将失去支持和业务指导,甚至无法共享使用地级市疾病预防控制中心的相关设备。会受到影响的还包括其他如公安机关、农业部门检测技术平台等公共基础设施,如此将会给县域经济发展带来不利影响,增加县域公共服务成本。

[①] 张浩然、衣保中:《基础设施、空间溢出与区域全要素生产率——基于中国 266 个城市空间面板杜宾模型的经验研究》,《经济学家》2012 年第 2 期。

三、市县合作机制是未来省直管县改革的必然选择

(一)"市县竞争论"与"市县一体论"的弊端

市县关系在不同时期的嬗变体现了"市县竞争论"和"市县一体论"。"市县竞争论"认为市与县之间存在竞争关系,它们各自服务于不同辖区居民。但市管县体制期和改革试水期,二者之间的竞争属于不公平竞争,为了维护二者的公平竞争,必须要采用分治的模式。何显明指出,应通过"市县分治"来破除二者的行政隶属关系,构建新的竞争与合作关系。① 薄贵利提出,省直管县体制改革的关键在于进行市县分治,以更好地发挥各自优势。② 市县一体论观点认为市县发展应该坚持"以市带县,以城带乡"。这一理论主张省直管县改革应该走非均衡化的发展战略,加快整合行政区域,构建一体化的政治结构。对于这种一体化的行政体制,学者们也提出了批评意见,刘尚希和李成威认为,区域经济要想实现一体化发展必须确保行政区与经济区的吻合,否则将会阻碍区域经济的顺畅发展。陆军指出,实施省直管县的体制面临一些现实问题,如跨行政区域的政策协调问题、跨区域的市场建设问题等,这些隐性问题会阻碍市县经济的协调发展。③ 概而言之,市县竞争论中,市县是作为两个竞争主体存在的,二者之间的地位应该是平等的,因此,应确保市县公共服务供给、行政自主权及财政支出等的公平性。"市县一体化论"是将市和县看作相互依存的关系,强调区域总体经济增长、城市增长极效应的发挥及城市优先的发展战略。两个发展论的主张截然不同,但都具有片面性:一个过于强调公平性,忽略区域经济一体化优势的发挥;另一个过于强调依附关系,忽略公平性。

---

① 何显明:《从"强县扩权"到"扩权强县"——浙江"省管县"改革的演进逻辑》,《中共浙江省委党校学报》2009 年第 4 期。
② 薄贵利:《稳步推进省直管县体制》,《中国行政管理》2006 年第 9 期。
③ 陆军:《省直管县:一项地方政府分权实践中的隐形问题》,《国家行政学院学报》2010 年第 3 期。

（二）市县合作论是市县合作机制构建的基础

省直管县改革的实践表明，无论是市县竞争论还是市县一体论，都不利于省直管县改革目标的实现。鉴于其不足及弊端，兹认为应该采用市县合作论推动省直管县改革的完成。按照艾伯特·赫希曼（Albert Hirschman）的"涓滴效应"和"极化效应"观点，城市增长极在不同阶段产生的作用不同，"涓滴效应"指的是发展前期，其会起到积极的带动作用；"极化效应"指的是发展后期，其会产生消极影响。市县横向分治与市县合作理论既考虑了城市增长极的积极带动作用，也考虑了其对周边县区资本、人才、土地资源等的消极作用。这是一种基于混合结构的市县发展模式，主张市县分治的同时，在区域性公共事务中开展合作治理，形成新型的伙伴型关系，如在环境保护、基础设施等方面共建共享，在区域流动人口管理等方面进行合作治理。市县之间的横向分治与合作伙伴关系，可以避免区域内耗和负外部性等弊端，促进区域经济的协调发展。

市县合作有利于打破市县原本存在的"地盘"本位主义思想，拆除旧的对抗与竞争的思想"藩篱"，加强市县之间的共赢互利意识，形成发展默契，建立区域性的合作伙伴关系。通过这种合作关系的确立，达到市兴县稳的发展目标。

四、在省直管县改革中推动创建市县合作机制的对策建议

（一）加快推动市县科层关系的扁平化

1. 在局部推动市县科层关系结构扁平化

当前，我国部分县已经开始进行全面省直管县改革试点。截至 2016 年 2 月，我国除港、澳、台地区和直辖市外的 27 个省（自治区），实施全面省直管县的试点数量有 48 个，每个省（自治区）平均有 1.78 个试点，省级政府

管理幅度偏小，无法形成规模效应的问题较为突出。[①] 因此，必须要适度增加试点数量，在局部范围内扩大省级政府管理幅度，实现科层结构的扁平化。在增加全面省直管县试点数量时要注意两个问题：（1）选取原则问题。要尊重市县双方意愿，选取经济实力强县作为试点。全面省直管县会让地级市遭受一定的利益损失，必须要充分尊重市县双方意愿。经济强县在自我发展能力、人员素质方面比经济弱县更有优势，也有更强烈的发展自主权，因此，选择经济强县对释放省直管县的体制优势更为有利。（2）选取对象优先问题。在全面省直管县试点选取时应优先考虑县级市，县级市一般由地级市"代管"，经济实力要强于县，成为试点的动机更强烈，加之其拥有较强的自给及自我发展能力等，可以减轻省级政府的财政负担。因此，可以考虑取消地级市对县级市的"代管"，将其列为试点。

2. 全面推动市县科层关系职能扁平化

市县科层关系职能扁平化的实现需以市县经济职能的妥善划分为前提，要发挥地级市在市县经济职能优化配置中的自主作用，省级政府不予干涉。之后，将公共职能服务作为重点来推动市县科层关系职能扁平化的实现。具体要根据公共服务的外部性、亲民性和规模效应区分公共服务职能，并根据县级政府财力，将那些与民众联系密切、与民众利益攸关的亲民性公共服务下沉到县级政府，提高县级政府对公共服务的回应性，推动市县科层关系职能扁平化。

（二）维护市县的共生性资源依赖关系

维护市县共生性资源依赖关系既要充分考虑县域经济的发展，还要兼顾地级市的利益，为避免矛盾纠纷，实现共生性资源的共享，可考虑从以下路径维系依赖关系：首先，鼓励地级市有偿向县域共享基础设施。试点县可与地级市签订公共服务购买合同，有偿共享地级市的公安、医疗、消防等公共服务设施，弥补地级市在省直管县后的利益损失，维护其向县域共享公共基础设施的积极性。其次，建立市县共生性资源的利益共享及补偿机制。市县

---

① 吴金群：《交错的科层和残缺的网络：省管县改革中的市县关系困局》，《北京行政学院学报》2017 年第 1 期。

双方应该发挥各自优势，寻找各自在公共服务领域的利益共同点，共同出资建立合作园区，并按照出资比例等建立利益分享机制，确定双方利益分享比例及应承担的责任义务，实现收益分享与责任共担，共享合作发展成果。同时，要针对整体利益增加、局部利益受损问题建立相应的利益补偿机制，根据具体的受益及损失情况，让受益地区对损失地区进行补偿。最后，建立市县共生性资源的纠纷协调仲裁机构。为了规范市县在共生性资源使用中的行为，解决市县纠纷矛盾，可由省级政府成立单独仲裁机构对二者纠纷进行调解，若调解无效则最终交由省级政府裁决。

（三）引导市县从资源竞争走向差异化合作

一方面，通过事权划分对市县财政资源进行优化配置。要先妥善解决各级政府的投资权问题，可考虑在竞争性投资领域采用省级政府有限参与、市县政府退出的方式，使得财政资金向公共服务领域倾斜。然后根据公共服务的受益范围对省市县事权进行划分，明确各自公共服务供给的负责范围。同时，要推动分税制在省以下的落实，以明确的财政支出责任划分及转移支付制度增强省级财政调控能力，以更多地向贫困县增加一般性的转移支付。要通过法律法规对省市县支出责任转移进行规范，巩固改革成果。另一方面，大力推动市县间的差异化合作。要引导市县政府构建差异化考核体系，建立与主体功能区定位相吻合的考核机制。要引导市县政府认识它们之间的竞争只是单纯的经济竞争，若一味进行对抗性竞争，只能两败俱伤，会影响区域经济的健康发展。引导市县根据自身区位、资源优势等发展特色产业，并在不同领域开展合作，形成各自拥有特色产业的差异化合作局面。

当前省直管县改革中还面临不少阻力，市县关系纷争是最主要的阻力。要为省直管县改革扫清障碍，让市县能够真正共享改革红利。必须要改变二者传统的隶属或对立关系，要在尊重市县竞争性、维护彼此依赖性的基础上，通过利益共享、责任共担构建合作伙伴型关系，调动市县改革积极性。在利益分配上，在通过利益补偿保证地级市利益的基础上，更多地向县域倾斜，实现市县统筹发展、共建共享的崭新格局。

第八章 广州市社会治理体制改革的实践与推进

习近平总书记在党的十九大报告中作出新时代加强和创新社会治理的战略部署，要求"加强社会治理制度建设，完善党委领导、政府负责、社会协同、公众参与、法治保障的社会治理体制，提高社会治理社会化、法治化、智能化、专业化水平"①。作为加强和创新社会治理的重中之重，社会治理体制改革是完善基层治理、协调利益分配、推进平安建设的重要举措，是协调推进"四个全面"战略布局和"五位一体"总体布局，不断提升人民群众获得感、幸福感和安全感的必然要求，是建设中国特色社会主义社会治理道路的核心抓手。

改革开放 40 多年来，广州市始终坚持敢为人先推进社会治理体制改革，营造共建共治共享社会治理格局，助力广州经济和社会持续健康发展。本书系统梳理改革开放 40 多年来广州社会治理体制改革的主要实践，聚焦粤港澳大湾区建设背景下广州社会治理体制改革的现实需求，提出深化新时代广州市社会治理体制改革、打造社会治理创新"广州品牌"的对策建议。

一、改革开放 40 多年来广州市社会治理体制改革的主要实践

（一）1978—1992 年：先行一步探索社会治理体制改革（见图 8 - 1）

改革开放初期，广州社会建设起步较早，社会领域扩大和社会力量发育

---

① 《决胜全面建成小康社会　夺取新时代中国特色社会主义伟大胜利——在中国共产党第十九次全国代表大会上的报告》，人民出版社 2017 年版，第 49 页。

较早，社会治理体制改革以体制松绑为重点在全国先行一步。

一是以思想解放为先导。1983年广州市的"对广州再认识"的思想教育活动，提出"要拿出先走一步的勇气，冲破旧体制束缚"，"要解决长期以来求稳怕乱，安于现状，凡事看红头文件等唯上、唯书的观念"。随着对广州"再认识"思想教育工作的深化和发展，1984—1986年市委、市政府在广州、北京举办了多次发展战略研讨会，1986年市委制定了"广州经济社会发展战略""广州科学技术发展战略""广州文化发展战略"，在全市确立了进行社会主义现代化建设的一系列重大思想。1988年在广州连续召开六场大型的市场经济理论系列研讨会，提出了"社会主义市场经济"的概念，以及"以国际市场为导向""建立开放式的市场体系"等新观点，对指导和推动改革实践起到了十分重要的作用。

二是以放权搞活为依托。以精简提效为切入口，改革统包统管的政府管理模式。20世纪80年代广州市针对高度集中、统包统管的政府管理模式，通过精简政府机构、改革干部人事制度、下放行政审批权限，广州市政府将城市规划、国土房地产、市政园林、工商、财税等14个方面涉及城市管理的相关事权，大部分下放到区一级，激发社会活力，同时全方位培育市场主体，1980年广州市人民政府发出了《关于积极支持发展集体和个体经济的通知》，1982年又颁布了《广州市城镇个体工商业管理试行办法》，明确允许待业人员、无业人员、退休人员、停薪留职人员都可以领取个体营业执照，个体工商户数量迅速增长。放权让利，扩大企业经营自主权，探索新的企业财税管理体制、推行厂长（经理）负责制和任期目标制；将国有企业所有权和经营权适当分离，实行承包经营制，国有企业改革持续推进。这些举措为市场和社会力量的发展提供了基础。

三是以公众参与为抓手。广州市较早提倡广开言路，激活社会和公众参与经济社会发展。1984年开始启动"假如我是广州市长"的活动，鼓励市民出谋献策；1986年开通"市长专线电话"，《广州日报》开设"给市长打电话专栏"，广州人民广播电台举办"公仆与市民"节目；1988年市政府开办

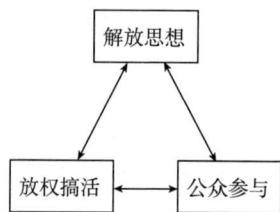

图8-1　1978—1992年广州市先行一步探索社会治理体制改革

"市长专邮"，成立"广州社情民意研究中心"；1992年广州市人大常委会和广州市电视台联合主办的大型政论性电视公开论坛"羊城论坛"，引导公民有序地参加城市管理。广州逐步形成了全新的官民互动模式，政府得以广开言路，听取各方的意见，为科学执政提供更充分的民意支持。1978—1992年广州市社会体制改革重要政策文件如表8-1所示。

表8-1 1978—1992年广州市社会体制改革重要政策文件

年份	主体	名称	主要内容
1983	中共广州市委、广州市人民政府	《广州市市级机关机构改革方案》	改革机关领导体制，精简机构；党政分工，政企、政事分设；机关要简政、划清职责范围和分工
1980	广州市人民政府	《关于积极支持发展集体和个体经济的通知》	放开农副产品经营渠道，进行价格改革，鼓励个体工商户发展
1982	广州市人民政府	《广州市城镇个体工商业管理试行办法》	明确允许待业人员、无业人员、退休人员、停薪留职人员都可领取个体营业执照
1987	市委五届二次全会	《广州市1988年政治体制工作方案》	搞好党政职能分开，进一步下放权力，同时加强社会主义民主政治的制度建设
1991	市委五届八次全会	《关于制定广州市国民经济社会发展十年规划和"八五"计划的建议》	加强城市管理，重点加强市容卫生、个体摊档、车辆停放的管理；同时加强社会治安管理，着重抓好对青少年的教育和管理、户口管理

（二）1993—2012年：推进健全社会管理格局（见图8-2）

一是以社会管理体制优化为基础。加快推进政企分开、政资分开、政事分开、政府与市场中介组织分开，着力转变政府职能，理顺关系，优化结构，强化社会管理和公共服务职能。以职能转变为重点，探索适应社会主义市场经济的行政体制，推进"不该管""管不好"的相关事务由企业和社会承接。同时，进一步放宽社会组织登记管理，2006年以来广州市先后制定《广州市行业协会管理办法》，深化行业协会（商会）改革，建立政府与社会组织的沟通、协调机制，畅通信息交流渠道，推进实施《广州市社区社会组织管理试行办法》，优化社会组织登记管理方式，简化登记程序，落实扶持措施，为社区社会组织的发展创造宽松的环境。推进社会组织与政府脱钩，加强社会组织诚信和自律建设，规范从业行为，承担社会责任。2009年起逐步将科技类、体育类、社会工作类民办非企业单位和公益服务类等社会团体业务主管单位改为业务指导单位，由民政部门直接登记。

二是以社会组织培育发展为重点。重点扶持发展非营利性社会服务机构，扩大规模，完善功能，使之成为政府购买服务的有效载体。2008年，市层面成立了社会工作人才队伍建设领导小组，在市民政局设立办公室，坚持将社会工作人才队伍建设与民办社工机构发展、开展社会工作试点、建立街道家庭综合服务中心、拓展社会工作服务领域等工作结合起来同步推进，使社会工作人才队伍有培养的平台，有落足的机构，有服务的平台，有财政的投入，有社会工作人才队伍发挥作用的更大空间。2010年起全市街道分步开展社区综合服务中心建设，2011年出台《关于加快街道家庭综合服务中心建设的实施办法》要求全面推进街道家庭综合服务中心建设，在市区两级财政的支持下，2012年中广州市155条街道全面铺开家庭综合服务中心建设。

三是以推进政府购买服务为抓手。2008年广州市开始探索政府购买公共服务，制定《广州市政府购买服务经费管理办法》《广州市政府购买服务规划》《广州市政府购买服务协议标准》《服务质量标准和工作规范》等制度，选择家庭及儿童、老年、青少年、残疾人服务，社区发展，社区矫正，劳动关系协调，就业培训等社会服务项目进行政府购买服务试点，并从最初的专项服务购买逐渐走向综合服务购买，2010年开始学习借鉴新加坡和香港经验，在街道层面建设由专业社工机构参与的家庭综合服务中心，2011年试点使用财政资金购买社会组织提供社区服务，2012年全面推进政府购买家庭综合服务中心，要求每个街道至少建立一个家庭综合服务中心。

四是以强化公众决策咨询为助力。为促进政府公开、科学、民主决策，营造良好的行政环境，使社会公众了解、理解并支持政府依法行政，真正把好事办好，让群众满意，广州市印发《重大民生决策公众征询工作规定》，明确在环境保护、劳动就业、社会保障、文化教育、医疗卫生、食品药品、住房保障、公共交通、物价、市政公用设施、征地拆迁、公共安全等领域，与广大群众利益密切相关、社会涉及面广、依法需要政府决定的重大决策过程中扩大公众意见征询和决策参与。

五是以创新社区管理服务为关键。推动社会管理重心下移，规范管理街道现有事业单位、执法机构人员和聘用人员，推进在街道组建社区综合管理中心、社区服务中心和综合执法队伍。逐步推行居民委员会直选，完善社区居民代表会议制度、社区议事协商制度，以及居委会定期向居民代表大会报告工作制度，实行居务公开和社区事务听证。逐步减少居民委员会协管、协办的行政性事务，充分发挥居民委员会的自治组织功能。优化居委会专职人员配备，每个社区居委会按社区规模大小保留2—4名专职人员负责党务和居务工作以及社区日常事务，其余人员调整充实到社区综合管理中心和社区服务中心或政府资助的非营利性社会组织。市、区两级政府加大对社区服务设施建设的投入力度，大力推进"五个一"工程建设，使每个街道都有一个服务中心（包括政务服务和投诉服务）、一个小公园、一个群众娱乐场所、一个卫生服务机构和一个治安视频监控中心，改善社区服务条件。

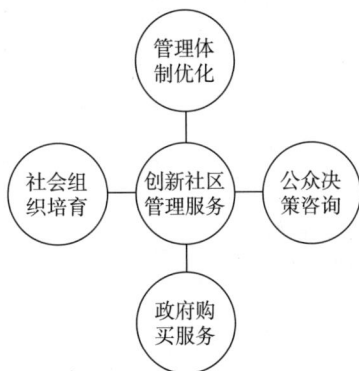

图8－2　1993—2012年广州市推进健全社会管理格局

1993—2012年广州市社会体制改革重要政策文件如表8－2所示。

表8－2　1993—2012年广州市社会体制改革重要政策文件

年份	主体	名称	主要内容
2002	广州市人民政府	《印发〈广州市政府深化行政审批制度改革工作实施方案〉的通知》	制定深化行政审批制度改革工作的相关方案
2003	广州市民政局	《关于利用社区资源开展社区服务的意见》	鼓励支持社区和社会组织利用相关资源开展活动
2003	广州市人民政府	《关于贯彻实施〈中华人民共和国行政许可法〉的通知》	深入贯彻行政许可法，推进行政审批制度改革

年份	主体	名称	主要内容
2005	广州市人民政府	《关于加强街道工作意见的实施办法》	强化街道工作职能，增强基层治理力量
2006	中共广州市委、广州市人民政府	《关于建设平安和谐社区的意见》	推进基层民主建设，完善社区居民自治；加强社区组织管理，理顺工作关系；加大社会治安综合治理力度
2006	广州市人民政府	《关于加强社区居民委员会建设的意见》	加强社区居委会建设，推进社区制发展
2008	广州市民政局	《广州市社区社会组织管理试行办法》	对社会组织的定义、管理原则，管理和指导机关做了规定，加大培育发展社会组织力度
2009	广州市人民政府办公厅	《印发〈新一轮行政审批制度改革工作方案〉的通知》	开展新一轮行政审批制度改革，进一步简化行政审批程序、转变政府职能
2010	广州市人民政府办公厅	《印发〈重大民生决策公众征询工作规定〉的通知》	为公众参与提供制度化途径
2011	中共广州市委、广州市人民政府	《关于全面推进街道、社区服务管理改革创新的意见》	推进街道、社区服务管理改革创新，构建新型街道、社区服务管理体系，提高社会建设管理科学化水平
2012	中共广州市委、广州市人民政府	《关于全面推进新型城市化发展的决定》	创新社会治理模式，健全党委领导、政府负责、社会协同、公众参与的社会管理格局

（三）2013—2017 年：推进社会治理现代化（见表 8 - 3）

一是理顺社会治理权责。广州市根据"推进国家治理体系和治理能力现代化"的要求，首先，建立社区行政服务机构，专司公共服务和管理职责。其次，搭建社会管理新载体，推行基层网格化治理，建立"横向到边、纵向到底、全面覆盖、无缝衔接"的服务管理网络，全市共划分城乡标准基础网格 19430 个。再次，搭建基层群众自治平台，在原有村居民自治体系的基础上，建立社区事务联席会议、社区事务理事会、村民议事厅、监督委员会等协调共建机制，形成议事—决策—执行—监督的基层自治体。最后，发挥社会组织协力作用，2013 年成立全国首个地区性独立第三方慈善组织社会专业监督机构——广州市慈善组织社会监督委员会；2014 年颁布《广州社会组织管理办法》，在全国大城市中率先以政府规章形式制定出台社会组织管理办法，以立法形式为社会组织参与社会治理提供制度保障。建立全国第一个以政府名义发布的慈善募捐透明度评价指标体系。

二是创新公共服务模式。首先，打造"互联网＋公共服务"新模式。包括集约打造电子政务"云平台"，38 个政府部门共享信息资源，支撑行政审批、商事改革、积分入户、社区管理等 30 多项政府重点工作和民生热点工作。推进电子证照建设，在全国率先实现老年人乘车、看病、消费、优待一卡通。"一网办事"，市一级行政审批事项和社会服务事项网上全流程办理，畅通公共服务渠道。"一窗服务"，建设全市政务服务中心体系，提升政务服务水平。"一号接通"，"12345"统一服务号现已整合 50 个部门共 62 条热线，集中聆听群众诉求。"一格管理"，制定《广州市城市社区网格化服务管理系统建设实施方案》，初步建成具备信息录入、分流交办、通报反馈、督查督办、统计分析、决策参考、考核评价等功能的网格化服务管理系统，强化精细社会治理。其次，推进管理服务重心下沉。包括市工商局下放企业登记审批权限，增强各区招商引资活力；加大自助办理终端投放，延伸服务网点，推广网上办理渠道，下沉公安办证服务以方便群众办理相关事务；做实镇街政府服务中心，社会保险、住房公积金、房管等面向公民及个体工商户相关行政审批和公共服务事项下放到镇（街）政务服务中心办理，形成基层服务网络。再次，创新开展来穗人员融合行动。包括市、区两级慈善会以公益创投形式，发动社会组织积极参与公益慈善项目，实施来穗人员服务公益创投；全面实施来穗人员随迁子女积分制入学，使用"广州市来穗人员信息系统"，设立来穗人员综合服务中心，实行来穗人员积分入户政策。以开展"广州市来穗人员服务管理示范区"创建工作为契机，在镇（街）建设来穗人员之家，在村（社区）建设和谐共融家园，加强来穗人员服务管理示范区建设。最后，健全完善涉外服务管理。包括建立一套组织架构（外国人管理工作联席会议架构）、一个信息系统（广州市外籍人员信息综合应用系统）、一支执法队伍

(12 个政府部门组成的广州市涉外综合执法队）；推进全员涉外等同管理、涉外综合区域管理、涉外企业单位管理、涉外商贸市场管理、涉外交通枢纽管理、涉外高校人员管理、驻穗领馆安保管理；采取政府购买社会服务的方式，为全面高效开展管控工作提供语言保障；对全市各职能部门、公安机关各警种和基层派出所民警进行轮训，提高涉外服务管理能力，由市委政法委牵头开展综治（平安建设）外国人管理服务工作考评。

三是大力推进多元共治。首先，充分发挥"一队三中心"在社区治理中的基础平台作用。进一步提升综合执法效能，积极引导社会资本和慈善资源参与家庭综合服务中心服务，提升社会服务水平。其次，深化村居民协商共治。总结推广增城市石滩镇下围村民主协商自治经验，在全市城乡社区推进建设协商对话和民主议事平台。最后，发展志愿服务和公益慈善。在 2010 年举办亚运活动和 2011 年创建国家文明城市活动中，党组织和其他各类组织、党员和群众携手共建，培育和引导党员群众志愿服务精神；推进社工与义工的"双工联动"以及社区、社工和社会组织的"三社联动"，推广社工引领、培训、督导志愿者模式；自主研发建设的全国首套面向志愿服务全流程、开放、专业、实时的志愿者综合管理系统，实现了志愿者招募、录用、培训、服务、督查、激励、维系等全流程管理；积极推进全国慈善建设创新示范区建设。

四是规范社会有序参与。首先，推进"两新"组织党建。2013 年，中共广州市委办公厅印发《关于建立广州市非公有制经济组织和社会组织党建工作经费保障机制的实施意见》，同年 6 月，成立中共广州市非公有制经济组织和社会组织工作委员会（简称市"两新"党工委）。截至 2017 年 6 月，全市社会组织共有党员 15890 名，建立党组织 1323 个，党的工作覆盖率高达100%。同时，把学习习近平新时代中国特色社会主义思想和党的十九大精神作为社会组织党组织"三会一课"的首要内容和第一议题，组建"两新"组织宣讲团开展专题宣讲，引导党员领导干部在社会组织建立基层党建联系点，并把社会组织作为意识形态工作的重点领域。吸纳社会组织优秀成员入党，在"两新"组织中培育发展党员；提高基层党务工作者的经济待遇，落实"两新"组织党务工作者的经济激励和财政补贴。其次，完善重大决策公众参与机制。广州市人民政府办公厅印发《广州市重大行政决策专家论证办法》、建立广州市重大行政决策论证专家库、设置公众咨询监督委员会，以民主协商、民主听证、专家意见征询、群众意见建议征询等形式广泛听取社会各方面的意见，在同德围综合整治、固体废弃物处置工作中发挥了实效。再次，稳步推进信访工作制度改革。2014 年 5 月，广州市中级人民法院制定《关于推进涉诉信访工作改革的方案》，逐步推进涉诉信访改革。依法分类处理信访诉求工作已在全市推行实施，全市 35 个市直部门和 11 个区严格按照清单要求依法分类处理群众信访诉求。信访业务流程再造搭建了受理、办理、督办三个工作平台，重新调整配置各平台工作人员，对广州市"云信访"业务综合处理系统进行升级改造，构建"受理—办理—督办"网上新流程。积极推进律师参与化解和代理涉诉信访案件工作，与相关部门合作共建法律援助工作站，增设律师接访室，开设法援免费咨询窗口，安排律师坐班值守，为群众提供免费的法律咨询及援助服务，引导信访人理性表达诉求。最后，建立健全基层矛盾化解机制。广州市不断健全人民调解、行政调解、司法调解联动工作体系，努力完善诉讼、仲裁、行政复议等法定诉求表达机制，探索引入社会组织参与矛盾纠纷的化解，及时有效地把矛盾纠纷化解在基层。截至2017 年，全市建立诉前联调工作室 37 个，在职能部门、镇街综治信访维稳中心、村社建立工作站（派驻点）75 个，全市法院与 349 家职能部门、调解组织、社会组织建立了联动联调关系。

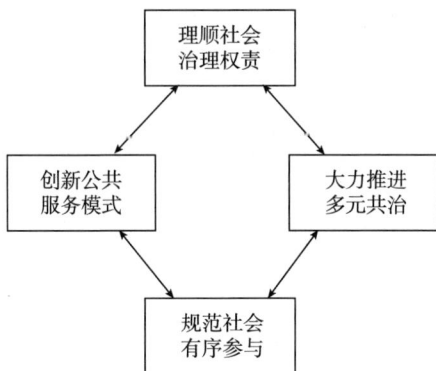

图 8 - 3　2013—2017 年广州市推进社会治理现代化

2013—2017 年广州市社会体制改革重要政策文件如表 8 - 3 所示。

表 8 – 3　2013—2017 年广州市社会体制改革重要政策文件

年份	主体	名称	主要内容
2013	中共广州市委办公厅	《关于建立广州市非公有制经济组织和社会组织党建工作经费保障机制的实施意见》	推进非公有制经济组织和社会组织党建经费的保障机制建立，激发非公有制经济组织和社会组织的党建活力
2014	广州市人民政府办公厅	《广州市重大行政决策专家论证办法》	对依法纳入重大行政决策目录管理的决策事项，组织相关领域专家对拟决策事项的合法性、科学性、可行性、风险性以及其他相关因素进行专业性论证
2014	广州市中级人民法院	《关于推进涉诉信访工作改革的方案》	逐步推进涉诉信访改革，按照清单要求依法分类处理群众信访诉求，再造信访业务流程
2015	广州市人民政府	《广州市推进行政审批"条块结合、四级联动、以区为主、重心下移、集成服务"改革实施方案》	实现全部行政审批、公共服务事项"前台综合受理、后台分类审批、统一窗口出件"，建立四级行政审批服务联动机制
2016	广州市民政局	《关于培育发展社区社会组织的意见》	逐步推进社区社会组织的培育与发展，提升社区服务能力
2016	广州市人民政府	《来穗人员融合行动计划（2016—2020 年）》	创新工作方式，推进来穗人员多层次融入
2017	中共广州市委、广州市人民政府办公厅	《广州市城市社区网格化服务管理系统建设实施方案》	开展网格化服务管理信息系统建设和实施，推进城市社区网格化服务

（四）党的十九大以来：社会治理体制改革努力走在全国前列（见图 8 – 4）

一是着眼夯实执政基础推进基层党建引领基层治理。广州市第十一次党代会提出"争当全国社会治理排头兵"的目标要求，深化社会治理创新，坚持党建引领，联动联创、多元治理，推进构建党组织统一领导、各类组织积极协同、广大群众广泛参与的基层治理体系。

首先，健全党建引领的制度化多层次协商机制。推广增城区下围村"民

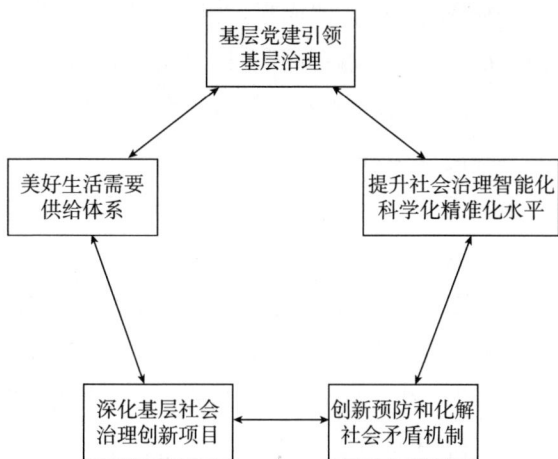

图 8 - 4　党的十九大以来广州市社会治理体制改革努力走在全国前列

主商议、一事一议"基层协商自治经验，以基层党组织为核心建立健全群众议事协商制度和机制，化解因村务管理、城中村改造等引起的不稳定因素。其次，完善党建引领的扫黑除恶专项行动举措。把扫黑除恶和反腐败斗争与整顿软弱涣散党组织三年行动紧密结合，对所有村（社区）认真开展"拉网式"全面排查，有机衔接，着力把软弱涣散党组织建设好、巩固好，肃清黑恶势力滋生的重点领域。同时融入党的十九大精神、党风廉政建设、法治理念等元素，着手在社区辖内建设法治文化长廊；开展普法座谈走访，邀请律师团队到社区为党员干部、群众举办法制讲座。再次，优化党建引领社会组织健康发展抓手。各级党委推动建立社区党群服务中心，为社会组织活动提供阵地资源；加大社会组织培育扶持，设立扶持社会组织培育基地建设和扶持社会组织发展项目专项资金；持续开展公益创投，采取"60% 政府资助 + 40% 组织自筹"的方式探索政府、企业和社会组织共创共投、共建共享、协同善治的"1 + 1 + 1 > 3"的公益创投模式，并于 2018 年第五届社会组织公益创投首次探索"党建 + 创投"模式。最后，健全党建引领外来人口融入社区体系。市综治委下发《广州市社会治安综合治理委员会关于印发在特大镇街和倒挂村打造来穗人员共建共治共享社会治理格局工作方案的通知》（穗综治〔2018〕1 号），坚持市、区、镇、村四级联动共建共治，在全市选取多个试点开展探索并完善党建引领体系建设。举例来说，试点之一的花都区狮岭镇合成村建立"一委一站两平台",即成立"狮岭镇来穗人员合成党委"及其领导下的"狮岭镇合成来穗人员服务站",以及建设狮岭镇综治信息化网络和"合成村网格化管理"示范区,使党建引领有平台、有抓手。

二是以人民为中心健全美好生活需要供给体系。首先,健全美好生活需要的治理供给体系构建机制。召开社会治理体制改革专项小组会议,建立市社会治理体制改革小组成员单位协商联络机制,出台《关于加快推进新时代全面深化改革推动社会治理走在全国前列三年行动方案(2018—2020年)》。开展矛盾纠纷多元化解机制建设、社区治理创新等重点改革项目"深调研",以及实施"网格化工作""社会组织党建和管理""长者饭堂"等重点调研课题,由市委政法委牵头协调28个市直部门,借助高校学者研究力量,围绕公共服务供给、社会服务管理、社会自我调节、社会融合发展等维度,全面客观对广州"十三五"期间社会治理领域工作的推进落实情况进行评估,找短板、明弱项、出对策。其次,完善基本公共服务传送机制。比如,将养老助餐配餐服务作为民生实事大力推进,全市各级相关部门抓住助餐配餐这个老年人关心的现实问题,改革过去依靠社区老年人日托中心、星光老年之家等自建厨房供应少数老年人就餐的办法,着力构建全覆盖的社会化"大配餐"服务体系,同时引导公益慈善资源、志愿服务力量参与社区居家养老大配餐,建立"社工+志愿者"服务队伍,重点为"三无"、失独、孤寡等特殊困难居家老年人开展志愿助餐配餐服务。再次,健全来穗人员服务管理体系。广州市坚持完善来穗人员服务政策并成立专门的服务机构提供具体服务。2017年12月,广州市来穗人员服务中心正式揭牌成立,主要负责组织开展相关政策咨询、投诉建议、预约服务和权益保障等工作,承担来穗人员和出租屋等相关信息化系统建设及运行维护和信息统计、分析、研究工作等。广州来穗人员服务中心构建了服务来穗人员的新窗口,打造了便民利民的新平台,为全市来穗人员信息服务共享奠定了基础。同时,推进开展普惠型职业技能培训,对按规定参加职业技能晋升培训、法定劳动年龄内的在粤务工省内外城乡劳动者给予补贴,帮扶10万名就业困难人员实现再就业;实施"圆梦计划",资助1万名在粤务工的优秀新生代产业工人参加学历继续教育的专、本科学习,打通新生代产业工人成长发展的向上通道。最后,探索粤港澳大湾区社会治理合作。实施"穗港社工培训及顾问试验计划",提高社会工作领域的专业服务水平，提升服务港澳青年融入广东的能力。

三是提升社会治理智能化科学化精准化水平。首先，大力推进"综治中心＋网格化＋信息化"建设。包括印发实施《2018 年全市深化"综治中心＋网格化＋信息化"建设工作要点》，深化"4321"工作体系（规范四级中心、对接三大系统、组建两支队伍、对应一张网格）建设。对照国家标准推进综治中心升级改造，开展综治中心培优联创工程，以综治中心为平台培育基层综治创新经验，选树全市综治中心培优联创点 19 个。开展综治网格化管理，推动全市划分综治网格 19430 个，组建网格化队伍 19430 人，入格综治网格事件 197 项，配备移动终端 19430 台，基本实现一网格员一终端。推进实现省综治信息系统"综治 E 通"APP 综治网格员全覆盖，推进整合民政、信访、工商等部门数据超过 100 万条，有序推进综治视联网建设，推动市、区、镇街综治中心点位实现全覆盖。其次，推进"雪亮工程"示范城市建设。包括开展第三轮视频专项建设，推动视频点位基本覆盖了市区主要道路、重点部位、重点区域、重点场所等公共区域。以市综治中心为依托，建成市一级综治视频应用平台。推动"雪亮工程"建设成果深度应用，鼓励基层推动视频资源深度用于社会治理实践。最后，打造新时代"枫桥经验"广州实践。制定《关于推动新时代"枫桥经验"广州实践进一步提升基层社会治理水平的实施方案》，从健全基层社会治理体系、维护广大群众合法权益、推动矛盾纠纷多元化解、推动自治法治德治融合、加强现代科学技术应用 5 个方面提出了 20 项工作措施，涵盖新时代"枫桥经验"的主要领域。开展基层治理创新项目培优工程，坚持"重心下移、典型引领、以点带面"，选树基层基础建设和基层社会治理创新工作先进典型，分类分批打造基层社会治理创新先进经验。

四是创新预防和化解社会矛盾机制建设。首先，健全社会稳定风险评估机制。对历史遗留问题继续开展专项治理，通过完善政策批量化解矛盾。将风险评估作为必经的前置程序和刚性门槛，对重大改革措施、重大工程项目全面开展评估，全面推进建设领域分账管理和实名制平台建设。其次，健全社会矛盾排查预警处置机制。建设广州市社会矛盾风险防范信息系统，汇聚各领域各层级矛盾信息，关联发掘热点难点问题隐患并精准推送，形成集信息共享、部门联动、综合研判、跟踪督办、应急处置于一体的工作体系。最后，健全矛盾纠纷多元化解机制。发挥"新乡贤"在乡村自治中的作用，健全民众调解、行政调解、司法调解联动调解工作体系，完善诉讼、仲裁、行政复议等法定诉求表达机制，创新互联网仲裁、专业市场和民间自行调处平台建设，探索引入社会组织参与矛盾纠纷化解。充分发挥基层自治、群防共治和志愿服务在社会治理中的作用，打造一支拥有 80 万人的群防群治队伍"广州街坊"，广泛收集社情民意，参与安全巡逻防控，震慑、防范、协助打击各类违法犯罪活动以及推进矛盾纠纷调解。

五是深化基层社会治理创新项目建设。党的十九大以来，广州市以粤港澳大湾区建设为重中之重，围绕乡村振兴战略、三大攻坚战等重大部署，在各区推进开展各具特色的社会治理实践创新项目。比如，番禺区把城市管理理念引入农村社区治理，坚持党建统领，成立村党支部和来穗人员流动党支部，落实支部协商对话机制，共同商议推进社区事务；通过设置党员联络群众二维码、党员服务群众 QQ 群等形式深入开展联系群众工作。同时设置"两代表一委员"工作室、建立民主协商议事制度、乡村共建参事会制度，引导社区群众有序参与村务决策，深化基层自治。再者设置道德讲堂、农家书屋、绿色网园等文化阵地，以及修建法治公园、成立法制教育学校、设置音视频播报平台、建立"一村（社区）一法律顾问"制度，推进德治和法治建设。此外推行联动共治，依托综治视频应用平台，实现教育培训同步化、情况掌控实时化和协调指挥智能化；通过外包停车场等资源，引进社会机构实行社会化、专业化管理，打破传统边界意识，推进乡村有效治理（见表 8-4）。

表 8-4　广州市深化基层社会治理创新项目示例

创新主体	主要举措
越秀区农林街打造幸福农林人家	组建"农林人家"志愿总队；企地党建对接；以"个人＋团队"模式打造"吴承泽律师工作室"；组建"随手扶"志愿者队伍，深化共享单车志愿服务常态化。依托综治中心平台开展议事协商，组建物业自管委员会和旧楼加装电梯智囊团。率先提出以艺术融入社区微改造，建立"政府—美术馆—企业—居民"四方协同的组织架构
沙河街联动多元力量推动重点商圈治理	成立综合整治办公室党支部和沙河街商会党支部。成立沙河街道商会、沙河服装行业调解委员会和广州市道路运输协会沙河服装市场分会，形成协商共治、自我约束、行业监督的工作机制；引进综合性物流企业推动拉货 APP 平台建设，打造"互联网＋"的新生态。按照"市场问题市场内部化解"的原则，将问题化解在市场内部。搭建综治视频应用平台。协调手推车从业人员主要来源地区选派干部到沙河挂职

创新主体	主要举措
南沙区黄阁镇创新矛盾纠纷调处机制打造新时代"枫桥经验"自贸区模板	制定定期走访宣传工作机制、工资集体协商工作机制,打造劳动人事争议矛盾纠纷调处试点工作室,采取"以案定补"工作激励办法,妥善解决各类劳动争议突发性事件。建立专项矛盾调处工作小组,创新建立"四环调解工作指导法"
从化区吕田镇莲麻村优化基层治理推进乡村振兴	建立支部领导党员、党员带领团队、团队凝聚群众的乡村组织治理体系;制定《莲麻村党群联系卡》《莲麻村大抓党支部建设和基层治理行动作战图》等规范,实现"家家在网中,户户见干部"。依托村级综治中心,建立村民民主法治议事大厅、省人大代表潘安娜工作室,逐步形成行政调解、司法调解、人民调解"三位一体"的多元调解体系。率先搭建"仁里集"智能治理云平台,设置村民议事网上酝酿、通知公告网上发布、公共服务网上受理、村务信息网上公开、邻里互动网上交流等模块,让基层治理搭上"互联网+"快车。构建覆盖全村的视频监控体系
增城区推进社会治理智能化、社会化	荔城街打造荔城街社区(网格)智慧治理综合指挥中心,通过对视频联网、综治信息、流动人员管理等8个社会治理基础要素数据进行整合汇聚,以及热力图分析,为研判涉毒人员聚集点、预测违章建筑风险事件、重点人员防控提供智能指引。来穗人员占82%的凤馨苑社区党支部与碧桂园物业公司成立"社企党建共建活动室",发动社区内200多名党员带动社区居民参与社区治理

二、粤港澳大湾区建设背景下广州社会治理体制改革的现实需求

当前,粤港澳大湾区建设是习近平总书记亲自谋划、亲自部署、亲自推动的国家战略,是广东和广州工作的重中之重。在粤港澳大湾区建设推进过程中,广州争当"四个走在全国前列"的排头兵,社会治理体制改革的老问题和新情况相互叠加,催生下一步工作推进的一系列新需求。

(一)广州社会治理体制改革亟须强化党建引领

首先,党建引领的知识供给不充分。加强和创新社会治理必须对党的执政规律和社会发展规律有深刻认识,一要靠深入的社会实践,二要靠科学的社会理论。在社会治理体制改革推进过程中,广州市各级党委政府开展了大量的调查研究工作,并且把社会实践摆在了突出的位置,取得了较好的成效。然而,一方面,对于以科学的党建理论,特别是以习近平新时代中国特色社会主义思想指导实践仍然存在"上热下冷"的现象,导致党建引领的思想认

识在市、区和镇街等不同层级、不同部门存在不平衡状况，领导干部对社会治理体制改革过程中党建引领的重点、难点和着力点的认知差异不一，未能形成思想合力、政策合计、治理合作的共建共治格局。另一方面，在粤港澳大湾区建设背景下，"一个国家、两种制度、三个关税区、四个核心城市"的格局以及粤港澳三地经济制度、法律体系和行政体系存在差异，各类社会治理要素快速流动，党建引领的知识供给需求更加突出。

其次，党建引领的制度建设不充分。加强基层党的建设、巩固党的执政基础是贯穿社会治理和基层建设的一条红线。① 制度建设对党建引领具有全局性、根本性作用。科学的党建领域和实践经验只有转化为普遍适用的制度，才能成为加强和创新社会治理的巨大力量。一方面，目前广州在党建引领社会治理方面的制度较多，但是散落于不同部门和不同领域，制度衔接、政策对接、资源整合不够充分，制度设计的科学性、系统性和精准性仍然有待提升。另一方面，在粤港澳大湾区建设背景下，各类社会治理要素还难以完全自由流动，一些社会治理领域还存在同质化竞争和资源错配现象，亟须推进党建引领治理协同，降低规则和制度的摩擦成本，提高粤港澳大湾区治理资源及要素的配置效率和党建引领的政治优势。比如，由于近年来港澳社会组织越来越多地参与广州社会治理，并发挥积极作用，广州亟须推进各类在穗社会组织提高政治站位、提升社会组织"组织力"、强化社会组织服务能力。

最后，党建引领的实践推进不充分。在社会治理实践推进过程中，基层党建弱化、虚化、边缘化问题仍然一定程度上存在。（1）由于企业、社会组织、新兴领域党的组织没有完全覆盖，部分村居基层党组织软弱涣散、战斗堡垒作用不强，以及部分党员政治意识淡化和先锋模范作用不强，导致全面从严治党责任压力传导递减。（2）基层党建和基层治理没有充分结合，党组织统一领导、各类组织积极协同、广大群众广泛参与的基层治理体系尚未充分形成，党的领导优势尚未充分转化为基层社会治理效能。（3）更有甚者，有的村居党组织涉黑涉恶涉腐，"三旧"改造、土地出让、工程建设等领域廉政风险高，群众身边的腐败问题易发高发，基层党组织对社会治理的引领能

---

① 中共中央文献研究室编：《习近平关于社会主义社会建设论述摘编》，中央文献出版社 2017 年版，第 129 页。

力极大弱化。

（二）广州社会治理体制改革亟须强化协同联动

首先，社会治理体制改革的部门协同联动不充分。由于原先社会治理体制建设的制度设计、财政支持、人力资源、设施建设等分散于不同部门，导致政策衔接、资金整合、资源共享等方面仍然有待推进。比如，社会治理体制改革离不开党建引领的制度性强化，在此背景下，需要进一步协同各级政法委与组织部，推进社会治理与基层党建更好地融合，避免紧密关联的两个治理主体在实践中各自推进，没有形成充分合力。又如，在技术层面上，由于缺乏统一的规划和协调，早期以部门为主体而不是以业务为主体进行的信息化建设，导致社会治理的智能化面对制度、政策、利益和信息等壁垒，存在部门数据标准、信息共享和协同作业困境，需构建与清晰治理相适应的数据治理体系、利益调节机制和共享交换平台。

其次，社会治理体制改革的上下协同联动不充分。（1）区与镇街职能权责清晰化有待提升。属地化管理与部门职责之间存在矛盾，镇街基层政府充当了解决一切社会问题的主角，管理了许多不该管也管不好的事情，存在社会治理"过度行政化""头重脚轻"的现象，造成"权限在职能部门、责任在街镇，街镇权、责、利严重不一致"的现象，人力、物力和财力集中在区，而具体行政性、事务性工作却由基层机构承担。（2）镇街与村社权责清晰化有待提升。村社一级仍然承担过多的行政协助性工作，很多本属于政府职能部门的工作任务下沉到社区，并设立各种考核指标要求，造成基层群众自治空间受到压缩，疲于应对各类任务、督查和评估的现象，同时集体经济组织承担过多的公共事务责任，在公共服务、社区管理、环境卫生、社会治安、计划生育等方面承担了大量的行政性、事务性工作，大量的公共事务开支依靠集体经济组织来支付。（3）市、区和镇街的资源配置科学化有待提升。在财政投入上，公共财政投入"部门化"，公共财政通过分"口"、分级进行投入，除了市区两级财政之外，镇街道也存在一些财政投入项目。在经费使用上，不同的"口"尚未设立联动机制，存在经费重复投入和覆盖盲区，部分社会治理项目和基础设施存在重复投入和资源浪费。在基础设施上，社区公共治理空间大多分散布局、分割利用，例如家庭综合服务中心、工疗站、文化站、星光老年之家、社区少年宫、卫生服务站点、小公园（广场）、学校、幼儿园等不同功能的空间阵地隶属于不同管理部门、面向不同人群，尚未充分统筹利用，无法发挥空间阵地相互叠加和复合服务的作用，造成居民需求强烈的治理服务无法供给、富余的基础设施闲置的矛盾状况。

最后，社会治理体制改革的区域协同联动不充分。粤港澳大湾区需要一体化打造世界级城市群，广州作为珠三角核心区的重要城市，是人才、资源、创新要素的积聚高地，必然面对经济联通、社会流动等带来的社会治理新需要，亟须在提升城市开放性的过程中前瞻性规划社会治理体制改革。同时，粤港澳大湾区建设需要推进三地深度合作和融合发展，但由于历史因素影响和在价值体系、法律制度、行政管理与社会治理机制等方面差异巨大，区域合作往往难以达成共识和一致行动，即使能形成共识但实施中也容易出现步调不一的状况，作为一个综合性合作平台的粤港澳大湾区承载着拓宽合作领域、创新合作模式、丰富合作内涵、提升合作水平的使命和任务，必然要求广州更好地推进与香港、澳门、深圳等城市的社会治理体制改革联动，强化统筹、协同与共建机制建设。

（三）广州社会治理体制改革亟须提升效能水平

首先，群众满意度有待提高。2017 年广州社情民意研究中心的一项追踪调查显示，广州市民在对社会治理相关的多个议题（包括社会治安、需求满足等具体事务）评价上呈现出显著向好的趋势性变化，但是满意度的总体情况还有待提高。比如在社会治安方面，2008 年以前，广州市民对社会治安状况的评价以不满为主；2009 年前后市民评价呈现好转，满意度开始超过不满意度；随后满意度保持显著上升的趋势，截至 2017 年满意度为 67%，不满意度为 7%。

其次，公共参与度有待提高。近年来居民群众对城市建设和社会治理的关注度、参与度逐渐升高，但有序参与的意识依然较弱，呈现"不关心、不参与"和少数群体"非理性、无序化参与"并存等特征，影响共建共治共享社会治理格局打造。比如，居民群众对于社区公共事务"不关心、不参与"或"事不关己高高挂起"的现象仍然较为普遍。一项对越秀区 100 个社区开展的问卷调查数据显示，大多数居民基本不参与社区事务，一部分居民表示只注重自身及家庭的事物，另一部分居民认为参加社区活动没有意义甚至是浪费时间，还有一部分居民认为没有合适的参与社会建设的渠道和方式。

最后，工作品牌度有待提高。开创广州社会治理新局面，推进广州在营造共建共治共享社会治理格局上走在全国前列，社会治理的品牌建设必不可少。当前，广州社会治理体制改革和社会治理创新实践具有"点状式建设"特征，比如社区协商治理的品牌经验包括增城区石滩镇下围村"一事一议、民主协商"村民代表议事制度、白云区三元里街"社区共治议事会"、越秀区东山街五羊社区"分层议事制度"等成功经验；新时代"枫桥经验"包括番禺区东环街、越秀区农林街、沙河街重点商圈治理等，但是，各地实践探索仍然有待优化提升和梳理总结，不同区域的经验学习和相互借鉴仍然不够充分；由市级统筹推进的社会治理领域的集成式创新以及打造社会治理创新"广州品牌"的传播机制建设仍然有待强化。

三、深化推进广州社会治理体制改革的推进对策

社会治理体制改革是广州深化新时代改革开放、参与粤港澳大湾区建设的重要抓手。全面贯彻习近平新时代中国特色社会主义思想和党的十九大精神，牢牢把握人民群众美好生活需要的目标导向、社会治理不平衡不充分的问题导向、社会和谐稳定的效果导向，有效提升人民群众的获得感幸福感安全感，必须坚持系统化思维、规律性把握，展现广州社会治理体制改革的创新性、先行性和示范性。

（一）基本原则

一是坚持党建引领治理。为深化新时代改革开放、推动高质量发展、提高发展平衡性和协调性提供保障，最根本的是加强党的领导和党的建设，以党建引领社会治理体制改革。广州市推进基层党建引领基层社会治理，必须针对党建引领的知识供给、制度建设和实践推进不充分的现状，推进各级领导干部学懂弄通新思想新指示新要求，学习借鉴先进地区经验做法，构建党组织统一领导、各类组织积极协同、人民群众广泛参与的基层治理体系，把党的领导优势转化为基层社会治理效能。

二是坚持共建共治共享。针对广州市社会治理体制改革部门协同、上下协同、区域协同不充分等情况，推进建立健全粤港澳大湾区社会治理统筹协调机制、优化不同部门和层级的联动协作体系，整合基层党建和社会治理资源，加强跨领域、跨区域的治理合作，广泛动员户籍人口、来穗人员、外国人口、港澳同胞人人参与，使社会既生机勃勃又井然有序，实现组织共建、资源共享和机制衔接，大胆探索实践形成广州特色的社会治理体制，为粤港澳大湾区社会治理提供广州样板。

三是坚持精准效能导向。坚持"以人民为中心"的理念，紧紧围绕粤港澳大湾区建设，把广州市民和来穗人员美好生活需要作为社会治理体制改革的出发点和落脚点。从优化治理体系、拓展公共服务和健全管制机制三个方面入手，以绣花功夫推进社会治理体制改革，精准聚焦、突出重点、统筹推进。进一步健全党建引领的制度、体制和机制建设，以"建"为基础，以"领"为要点，以品质打造为前提，以品牌塑造为指向，打造共建共治共享的社会治理格局，全面提升社会治理现代化水平，逐步推进形成具有全国影响力的社会治理体制改革广州品牌。

（二）主要举措

广州市社会治理体制改革近期工作的重点和关键是继续探索、完善制度、健全体制、优化机制，出台广州市社会治理五年规划，深化广州市社会治理三年行动计划，明确打基础、强能力、创品牌的工作推进思路和体制机制、政策体系建设，推进建立粤港澳大湾区社会治理协同框架、基层党建引领基层治理格局，提升社会治理智能化、科学化和精准化水平。

1. 以强化统筹性为重点，推进健全社会治理协同联动格局

首先，推进社会治理协同制度体系建设。（1）推进粤港澳大湾区社会治理协同。以习近平总书记关于广东举全省之力办好粤港澳大湾区的重要指示精神和《深化粤港澳合作推进大湾区建设框架协议》的部署安排为基本遵循，联动深圳、香港、澳门及珠三角其他城市，建立健全粤港澳大湾区城市社会治理工作协同机制，建立健全与粤港澳大湾区其他城市在社会治理、突发事件、跨境犯罪和社会服务等领域的合作机制。（2）推进市公安局、市来穗人员管理局、市统计局等部门联合建立大湾区在穗人员人口数据统计机制和美

好生活需要动态监测机制，健全全市户籍人口、来穗人员等人口统计监测模型和社会治理干部配备、资源配置等内容的统计监测模型，开发广州市社会治理综合指数，常态研判粤港澳大湾区建设背景下广州社会治理新需求和新趋势，逐步形成广州社会治理大数据库。（3）结合各区经济社会发展和区位特点以及粤港澳大湾区建设中的功能定位，开展各区基层组织建设、领导干部配备、治理资源配置与社会治理需求变化匹配度摸查，明确后续各区社会治理工作部署、推进举措、分解任务、资源配备、阵地建设和其他相关配套要求，建立健全经费资源投入动态提升机制、基层治理阵地共建共治共享机制等，破解不同区域、不同部门、不同层级干部在社会治理思想认识、资源能力等方面的不平衡不充分问题。

其次，健全市区镇村四级治理权责分工。（1）改革自上而下的考核制度。调整优化街镇考核评价机制，建立以群众满意为标准、以综合性考核为内容的考核评估机制，将对街道的全部考核权限集中到区级政府。在对区职能部门的评价中增加街镇的评价内容，形成相互评价、双向评价的考核评价机制。（2）建立上级职能部门下沉行政管理事项到街镇的审核机制，并建立"权随责走、费随事转"的配套机制。推行行政事务准入制。（3）借鉴北京市"街乡吹哨、部门报到"的创新经验，推进职能部门与街镇的治理协同。（4）建立村党组织、村民小组、集体经济组织、村务监督委员会的小微权力清单。推动经济发达农村和"村改居"社区行政协助性事务、基层群众自治事务和集体经济组织经营管理事务"三分离"。

最后，优化社会治理基层党建引领体系。（1）推进建强组织。提升党建标准化、职业化、专业化、智能化水平，制定基层党建标准化制度，加大政府购买党建专职工作者服务力度，以"党建创投"等形式凝聚社会治理资源、统筹建设全市通用的智慧党建系统等。（2）扎实引领机制。推进党组织在各个社会治理领域的覆盖，建立党建引领的基层议事规则，开展红色村（社区）党建示范工程建设，实施党支部书记"头雁工程"和后备干部"雏燕工程"培育计划。与主职干部年度基本报酬挂钩。（3）推进责任落实。建立村（社区）党建责任清单制。各村社党支部在镇（街道）领导下，制定村社党建清单，村（社区）党支部书记抓党建责任清单纳入主职干部岗位目标责任制考核。

2. 以增进科学性为重点，推进健全社会治理融合共治体系

首先，深化打造"党建＋治理"。（1）健全"区—街—社区—网格—楼宇"五级党组织网络，强化街道、社区党组织核心地位，盘活辖区内社会治理资源，与驻区单位签订共建契约，推动双向服务、双向得利。打造特色"党建＋治理"项目，力争"一个支部一个品牌"，建立联系指导、同项互助制度，形成长效机制。（2）建设基层社会治理的党群服务网络。整合辖区内现有政务服务中心、家庭综合服务中心、文化站、医疗站、社区星光老年之家、妇女之家等社会治理和公共服务场地资源，建立集党务、政务、村（居）务于一体的镇街党群综合体，完善"党工＋社工＋义工"联动机制；坚持共建共治共享原则，用好村（社区）文化室、卫生室、文体活动场所等公共场地资源，标准化打造群众服务、公众参与、宣传教育的"红色驿站"，形成"十五分钟党群协作圈"。

其次，打造精简高效基层治理。（1）推进基层减负增效。全面开展村（社区）事务专项清理，切实清理规范进入村（社区）的事务、挂牌、工作台账。建立健全村（社区）事务准入、退出机制。（2）推进标准化服务管理。清理精简行政审批事项，取消非行政许可审批事项，推进行政审批标准化建设，优化行政审批流程，公布实施行政审批标准化办事指南和业务手册。（3）推进便捷式群众服务。整合各类管理服务平台，打造"一网通办""一站通办"的区、镇（街道）、村（社区）三级联动综合政务服务体系，让老百姓"最多跑一次""不见面服务"，形成"线上二十四小时政务服务"和"线下三十分钟政务服务圈"。

最后，提升"三治"融合水平。（1）完善城乡社区协商机制，推广以村党组织为核心的"民主商议、一事一议"村民协商自治模式，建立"党支部提事，村（居）理事会议事、村（居）民会议决事、村（居）委会执事"的民主决策机制；建立"三共"（共建、共治、共享）社会治理委员会，吸纳粤港澳大湾区来穗人员参与基层治理，开展常态化议事协商，协力解决村（社区）存在的问题。（2）开展法治提升专项行动，开展和谐社区建设示范单位、幸福美丽农村社区建设示范单位和依法治村（社区）示范创建、民主法治示范村（社区）创建等工作，将扫黑除恶工作纳入创建工作指标体系，实行一票否决。推进全市民主法治村创建全覆盖，创建多个国家和省级示范

性乡镇公共法律服务工作站和示范村（社区）公共法律服务工作室；推进各区创建平安村、平安社区、平安企业、平安市场、平安医院、平安校园、平安景区、平安家庭等"平安细胞"；建成一批法治公园和法治图书角，形成"三十分钟法治学习圈"。（3）开展德治提升专项行动。开展红色基因、乡贤、积极市民等资源挖掘活动；全市统一建设以群众名称命名的工作室，激励群众参与社会矛盾纠纷化解；建立社会治理首创精神奖励制度，设立"社会治理首创精神奖章""社会治理首创奖励基金"，对领导干部和基层群众在社会治理方面的创新性建议、领先性项目和示范性活动给予奖励和扶持。

3. 以提升精准性为重点，推进健全社会治理效能实现机制

首先，提升社会治理智能化水平。（1）打造社会治理"智慧大脑"。打通司法、公安、交通、安监、消防、环保、文化等条状业务系统，突破部门间信息壁垒，推进数据共联共享，以预警监测平台、综合治理平台、决策支持平台、公共服务平台、基础技术平台五大平台建设为载体，建设集成事件分拨、应急联动、风险监测、数据共享、辅助决策、质量核查、可视化展示等功能的综合指挥中心，构建一个市级统筹的社会治理"智慧大脑"。（2）市级层面统一开发标准化、模块化的公众参与社会治理智慧平台，整合当前"广州街坊"群防群治公众参与线上平台以及各区、镇街分散的线上平台，建立接入"智慧大脑"的大众化、智能化终端。（3）进一步推进"综治中心＋网格化＋信息化"治理体系下沉镇街和村社，大力拓展"雪亮工程"成果应用，推动"四标四实"与网格化管理深度融合，推进社会治理的物联网感知系统建设，将风险感知触角延伸到工业区、商贸区、居民小区等，并与"智慧大脑"全方位链接。

其次，健全干部担当作为激励机制。（1）以思想引领行动。围绕习近平新时代中国特色社会主义思想以及习近平总书记关于社会治理的系列重要论述，依托党校主阵地，邀请专家学者、领导干部、业务骨干举行讲座，组织领导干部到先进地区参观学习，采取"走出去"学习与"请进来"授业相结合的方式，开展不少于5天的领导干部（包括村居"两委"）社会治理全员专项轮训，不断把社会治理教育培训工作引向深入，全面提升领导干部的综合素质和履职能力。（2）以试点激发创新。深化城乡社区治理专项改革试点，扎实推进"广州街坊"群防群治、"一支队伍联勤执法"等基层治理实践创

新项目建设，加大力度推进来穗人员（比如港澳来穗人员、外国人、"同乡村"等）融合共治治理创新试点，形成更多可复制推广的经验。（3）以厚爱强化激励。全面梳理各区自行设置的社会治理督查检查考核项目，明确规定不得自行规定督查检查考核事项，实行年度计划和审批报备制度。全面梳理和压减"痕迹主义"管理，建立差异化的地区社会治理指标，以注重工作实绩和激励担当为导向改进督查检查考核办法。建立健全基层干部美好生活需要动态监测机制，对在社会治理领域作出贡献的个人和集体给待遇、给平台，在改革开放 40 年、新中国成立 70 周年等重要时点适时开展致敬相关集体组织、基层干部和广州市民等的荣誉表彰活动。

最后，健全社会治理品牌传播机制。（1）建立社会治理"广州品牌"传播体系。策划、制作一批反映广州社会治理发展的宣传画册、宣传片、网络视频、影视纪录片等宣传品，通过政务、商务活动以及海外媒体渠道面向全球全方位推介；召开广州社会治理创新年度性研讨会和发布社会治理年度蓝皮书；推进广州社会治理体制改革创新项目申报国家级、省级社会治理品牌奖项；搭建广州社会治理创新实践线上线下展示平台，讲好社会治理创新广州故事。（2）健全负面现象影响消解机制。建立社会治理舆情研判体系，搭建专门平台对重点媒体、重点议题、重点时段的广州社会治理问题进行监测，开展标准化、定期式舆情报送；建立规范化舆情应对体系，健全统一对外和部门协调的网络舆情引导机制。（3）建设社会治理"广州品牌"传播专业队伍。开展领导干部专题培训，提升领导干部讲好社会治理"广州品牌"、舆情应对能力。以专家学者、一线资深干部、社会组织人才、志愿服务人员等为主体，建立广州社会治理专家库和种子讲师库。

第九章　深圳市商事登记制度改革[*]

一、商事登记的概念和历史沿革

（一）商事登记的概念

目前，我国既没有成文的商法典，也没有统一的商事登记法。因此，一方面，商事登记的概念缺少立法层面的定义；另一方面，对这个概念的诠释在学界也一直颇有争议。

官欣荣认为："商事登记，又叫商业登记，指商事筹办人为设立、变更、终止商事主体资格，而以法定的程序将法律规定的应登记事项向登记主管机关申请，并被登记主管机关核准登记公告的法律行为。"[1] 胡志民、环建芬也持相似的观点，有所不同的是提出了要将登记事项记载于登记簿。

任先行、周林彬认为："商事登记是指依商法典或商业登记法或其他特别法的规定，按法定程序及实体要求，由当事人将应行登记的事项，向登记主管机关申请登记于登记簿，以确立商事主体的对内对外关系，并公之于众，取得商人资格的一项强制性的商事管理制度。"[2] 王保树认为："商事登记，又称商业登记，是指依照商事登记的法律、法规，按照法定程序，由当事人将登记事项，向商事登记主管机关所为之登记。"[3]

　＊　本章参考了刘慧琼：《深圳商事登记制度改革》，《新兴经济体研究会2018年会暨2018新兴经济体论坛人类命运共同体论文集》。

　①　官欣荣主编：《商法原理》，中国检察出版社2004年版，第110页。

　②　任先行、周林彬：《比较商法导论》，北京大学出版社2000年版，第236页。

　③　王保树主编：《商法》，北京大学出版社2011年版，第57页。

结合各学者的不同看法，笔者认为，商事登记是指打算从事商事活动的人，为了获得、终止商事主体资格或者对商事主体的有关信息进行变更，依照相关法律、法规的规定向商事登记机关提出申请，将登记事项记载于商事登记簿并对外进行公示的一种法律行为。在现代社会，商事登记是一种规范商事主体和市场秩序的重要制度，是商事主体取得和保持对外公示资格的合法依据，是交易相对人或社会公众了解商事主体情况的途径，也是理顺社会、政府与市场三者之间关系的重要手段。

（二）商事登记的起源与发展

从国外商事登记制度的历史发展轨迹看，大致经历了以下几个阶段。

1. 商事登记的萌芽

在古罗马时代，当时的法律要求经营中的商店必须在店铺明显的位置悬挂名为"看板"、"贴札"或"引札"的牌子，上面记载着其相应的经营项目和其他经营情况，外界通过牌子了解到商店的经营状态，可以说这是商事登记制度的雏形。

像这种牌子上的记载方式，与其说是一种登记行为，不如说是一种自行公示的行为，但并没有一个统一的标准对相关的公示行为进行规制，因此这种公示行为与现代意义上的商事登记制度是有较大差别的。

2. 商事登记的产生

在公元11—16世纪的欧洲，尤其是在地中海沿岸，随着商业的复兴，商品经济日渐繁荣，由此形成了相对独立的商人阶层。但是当时传统封建势力仍然占据主要地位，为了维护自身的利益，商人们自发结盟，组织起一种内部自治性团体，也就是商业行会。在日复一日的商品交易活动中，商业行会逐渐发展出一套自成体系的交易习惯和规章制度，也可说是一种自治法。根据当时的这种商人自治法，凡要取得商人资格和身份，除了需要得到某一个行业所属商业行会原则上的同意和接纳外，还需要在相应的行会成员名录簿中载入这个商人的商号、雇用的人员、经营范围等事项，这可以说是现代商事登记制度的早期形式。这种由商业行会确立的制度，具有绝对的私法性质，与现代由国家组织的商事登记相比，存在很大差别，实际上是处于商业领域统治地位的行会为了维护商业活动秩序而限制商业自由的一种工具。

3. 近代商事登记的形成

16世纪后，崇尚交易自由的资本主义逐渐取代了社会等级森严的封建制度，商人身份不再是一种由商业行会把控的特权，任何人都可能通过对自由经营权的使用而取得合法的商人身份，这意味着商人法进入了一个新的发展阶段。与此同时，贸易的日渐频繁让人们意识到商事交易安全的重要性，起源于商业行会自治法的商事登记制度逐渐被各国纳入各自的国内法律体系中。尤为重要的是，在这个时期诞生了一个重要的商事组织形式——公司，并首次提出了"有限责任"的概念。自此，近代商事登记制度基本确立。

(三) 国内外研究现状

1. 国内研究现状

对商事登记制度的研究，近年来是国内理论学界与工商行政管理部门中的热门课题。社会各界的学者纷纷从不同的角度对商事登记制度的改革情况进行了分析研究，提出了一些有价值的观点。

朱慈蕴认为，从我国的国情和经济发展水平出发，应当选择制定一部单行的商事登记法，对商事登记的所有相关内容进行统一的规定。折喜芳、赵颖认为，我国若要制定统一的商事登记法，应当在立法价值取向上做到安全和效率的并重与均衡协调。史止保认为，通过借鉴国外比较成功的商事登记立法实践经验，进行系统化的立法，才能对我国商事登记制度的现状进行彻底的、根本上的改变；同时，在立法中，应当明确在商事登记中采取形式审查的原则。黄波、魏伟认为，我国正处于社会主义市场经济不断完善的阶段，传统的、我国特有的个体工商户制度已经无法适应目前现代企业发展的需要，甚至阻碍市场经济的进一步改革；基于以上原因，不仅应当将个体工商户登记业务取消，并且个体工商户这一存在数十年的登记类型及其相关的配套制度也应一并删改，现有的个体工商户可以按照规模的大小以及行业类别的划分进行相应的转型升级。

结合国内学者的观点，笔者认为，当前我国在商事登记方面最紧要的一件事就是要制定统一的商事登记法。同时，我国应当与国际接轨，逐步废除个体工商户制度，取而代之的是转型升级后的其他商事主体类型。

2. 国外研究现状

英美法系国家大多具有比较完善的社会信用制度，商事登记制度比较现代化，且以习惯法作为其主要的法律渊源，有关商事的成文法仅起到辅助作用，因此相关问题的学术研究并不多。因此这里主要介绍大陆法系国家对商事登记的研究情况。

（1）德国著名学者 C. W. 卡纳里斯所著《德国商法》一书，是德国商法学界公认的该领域中最有价值的学术著作之一，他认为商法是一般私法在商事活动中特殊的表现形式，商事主体资格对应的是一般私法中的自然人和法人（商事主体和法人存在一定程度的交叉重叠）；商号（我国一般称为"名称"）制度对应的是一般私法中的姓名权或名称权；而商事登记簿是由商事登记机关管理维护的一种具有公示性质的事物，即有一定的公法特征，不是一般私法制度的影射。他在书中对商事登记的意义和效力等也都作出了详细的论述。

（2）法国学者保罗·迪迪尔（Paul Didier）在他的《商法》一书中指出，商事登记制度的核心便在于信息公示。商事登记机关登记商主体的信息，其目的就在于社会公众有需求时可及时获知。不仅如此，商事登记机关和商事主体还应当对一部分信息或者经营情况预先进行公示。

（3）日本学者鸿常夫认为，商事登记指的是对商事主体的相关信息进行公示，供与该商事主体有利益关联的其他商事主体进行决策调整的制度；他还指出，商业登记的这种公示制度，对商事主体而言具有通过信息公示来维持自身信用的功能，而对商事主体的交易相对人而言，则可以通过这种方式比较准确地获知与该商事主体相关的一些营业方面的信息，决定是否进行交易。

综上所述，可见大陆法系的国家一般认为商事登记是一种私法行为，比较重视商事登记的公示功能。

二、深圳商事登记制度改革的过程

我国传统的商事登记制度脱胎于由计划经济体制向市场经济体制转型的过渡期，依然表现出一些计划经济时期政府包办的思想。随着市场经济的不断发展完善，立法分散、观念陈旧、思维僵化、程序烦琐、效力不明等弊端逐渐显现。上层建筑反作用于经济基础，陈旧落后的商事登记制度在一定程度上限制了商事活动的自由运转，阻碍我国社会经济的进一步发展。

深圳是一个经济高度发达的城市，存量商事主体已达 200 万户，商事主体总量位居全国大中城市首位。为进一步推动社会经济的发展，完善商事登记制度，健全市场监管机制，深圳出台了《深圳经济特区商事登记若干规定》，自 2013 年 3 月 1 日起，在全国率先进行了商事登记制度改革。

深圳市自正式启动商事制度改革以来，遵循便捷高效、规范统一、宽进严管的原则，以登记审批制度改革为核心，以市场主体登记方式、监管方式改革为抓手，以强化事中事后监管为支撑，大幅降低准入门槛，简化登记程序，为"大众创业、万众创新"营造了宽松便捷的市场准入环境和公平有序的市场竞争环境，有力促进了深圳经济社会的健康发展，在全省乃至全国起到示范作用，引领了商事制度改革的热潮。

深圳市商事制度改革围绕市场主体登记审批制度、登记程序、监管方式等，以登记审批制度改革为切入点，着力破解造成"注册难"的关键环节、关键问题，主要改革过程如下。

（一）改革登记审批制度，简化登记程序，大幅降低市场主体准入门槛，并有力推动政府机关行政审批制度的改革

深圳市大刀阔斧地改革了登记审批制度，实施以"证照分离"和注册资本认缴制为主要内容的商事制度改革，改"先证后照"为"先照后证"，实现商事主体资格和许可经营资格相分离，前置审批事项由原来的 69 项削减为 11 项；股东的出资方式、出资额、出资时间，均由股东自行约定并记载于公司章程中。简化登记程序，实行经营场所自行申报，允许"一址多照""一照多址"，破解了市场主体登记实践中的一个老大难问题，在全国属于首创；放宽企业经营范围限制，赋予企业更大的经营自主权；改革了企业名称登记制度，于 2015 年 7 月 1 日起在全市范围内实施企业名称自主申报制度，即企业自主在网上申报名称，登记系统自动生成名称。企业名称自主申报改革是对传统企业名称登记模式的一次颠覆。改革前，《中华人民共和国公司法》等相关法律法规规定企业名称的核准和发放均由商事登记机关实施，必须经过名

称预先核准环节；改革后，名称登记变为企业的自助服务项目，由企业自主在网上申报，系统自动生成，真正实现"我的名称我做主"，还权于市场，还权于企业，受到企业和群众的广泛欢迎，名称核准时间也由以往的 7 天缩短到即时生成。

商事制度改革有力推动了政府机关行政审批制度改革，商改后，深圳市政府出台行政审批事项权责清单，涉及全市 25 个部门的 125 项许可审批项目（前置审批 11 项、后置审批 114 项），规定各政府机关严格按照权责清单开展行政审批工作，对清单以外的经营事项不再审批。如市人居环境委将建设项目环境影响登记由审批制改为备案制，市住建局停止二级以下（含二级）物业服务企业资质核准，市国税局、市地税局在办理税务设立、变更登记取消场地证明材料，市场监管委、前海管理局推动许可审批改革取得了实质性进展，对外商投资负面清单之外的领域实行审批改备案管理等。

（二）改革登记方式，推动政府从管理型到服务型的转变

转变传统窗口服务思维，改革传统窗口登记方式，深圳市于 2013 年 8 月 1 日开始试行，2014 年 7 月 1 日全面实行全业务、全流程、无纸化网上注册，建立电子营业执照制度，实现商事登记的电子化和网络化。申请人凭银行 U 盾等有效数字证书，即可通过互联网提交企业电子申请材料、实现股东电子签名，商事登记部门实行网上受理、审查、保存电子档案、颁发电子营业执照，全部登记业务均在网上完成。申请人足不出户、一证在手，即可高效率完成整个注册流程，无须到注册窗口提交书面材料，颁发的电子营业执照与纸质营业执照具有同等法律效力。全业务全流程无纸化网上登记模式的实施，一是拓展了传统服务窗口，变有形窗口为无形窗口，24 小时全天候办公；二是大大提升了企业办事的便利化程度，提高了窗口工作效率；三是由于无纸化，决议、章程等各种文本都必须在网上做成统一规范的模板，从而提升了注册登记的标准化程度；四是将政府资源和社会资源有效整合。银行 U 盾等由银行开发的数字证书，现巧妙应用于商事登记注册中，不仅充分节省了政府行政成本，而且大大提高了窗口办事效率。过去最长需要 20 天才能领到执照，现在 1—2 天甚至 24 小时内就能办妥。

实行"多证合一"改革。2014 年 12 月 1 日起，深圳市市场监管委联合市

国税局、市地税局、市公安局在全国率先推出营业执照、组织机构代码证、税务登记证和刻章许可证"一表申请、一门受理、一次审核、信息互认、四证同发、档案共享"的"四证合一"登记模式。"四证合一"采用"网上申请、网上审批、网上发照、电子存档"的全流程网上登记方式办理，实现了商事主体从名称核准的初始环节到领取营业执照整个过程全部在互联网上远程办理，申请人无须前往注册大厅，也无须提交任何纸质申请材料。2015 年 6 月 1 日，深圳市将社保登记纳入商事登记办理流程，实现营业执照、组织机构代码证、税务登记证、刻章许可证和社保登记证的"多证合一"。"多证合一"改革制度有效整合了政府部门间的资源，减轻了企业和群众负担。同时，政府部门也节约了大量人力、物力、财力等行政成本，实现了政府部门的有效"瘦身"。

登记方式的改革，推动政府从管理型到服务型的转变，适应当前我国经济转型升级的客观要求，也符合国家层面供给侧结构性改革的发展方向。

（三）转变监管方式，强化事中事后监管，实现从对主体资格的静态监管到对信用的全过程动态监管的大跨越

1. 转变监管方式

深圳市改革原来带有浓厚计划经济色彩的企业年检制度为年报制度，并建立商事主体经营异常名录制度，商事主体需每年在规定时限内向社会公开登记事项、备案事项、注册资本实缴情况等年报信息，不按时提交年度报告或通过登记的住所或者经营场所无法联系的商事主体，将被监管部门载入经营异常名录并向社会公示。此改革措施一改以行政管理手段为主的监管方式，引入信用约束机制，对市场主体登记备案事项进行监管，通过联动响应机制，形成部门协同、行业自律、社会监督相结合的监管新格局。

2. 强化事中事后监管

统一部署事中事后监管的有关工作。中共深圳市委、深圳市人民政府印发了《关于制定实施商事登记制度改革后续监管办法的工作方案》，并同时公布了《深圳市商事主体行政审批事项权责清单》，市政府各相关部门根据方案及清单所列商事主体行政审批事项，逐项制定了监管办法。清单及监管办法的制定和实施，进一步厘清了监管职责、明确了监管标准、创新了监管方法、

提升了监管效能，建立了与商事登记制度改革相适应的监管体系，推动了政府管理模式由重审批、轻监管和以批代管向强化事中事后监管转变，加快实现了各部门监管事项清单化和监管行为的标准化、规范化，有力维护了市场秩序，促进了市场公平竞争。充分运用信用监管手段。建设"企信惠"平台，公众通过智能手机"摇一摇"便可搜索、查询、评价和投诉周边商户。在新版《营业执照》创设"深圳信用"二维码，实现8种方式查询企业信用信息。依托深圳信用网实施大数据监管，在深圳前海蛇口自贸片区试点"企业信用画像"，对前海蛇口片区3.5万多家企业进行信用评级，为政府部门监管提供了精准目标，为实现监管方式大跨越提供了有益的借鉴。

3. 建立部门协同监管机制

深圳市市场监管委一方面制定《深圳市市场和质量监督管理委员会商事主体信用监管暂行规定》，有效整合内部各业务部门的监管制度，使之互相有效衔接，形成覆盖登记监管、广告、市场规范、商标、电子商务、质量、特设、商品交易市场规范管理等各项职能监管制度的信用信息归集、共享和联合惩戒机制；另一方面建立跨部门、跨领域的协同监管和失信惩戒机制，会同市委宣传部、市发展改革委、市经贸信息委、市中级人民法院、市教育局等28个部门联合实施《深圳市失信企业协同监管和联合惩戒合作备忘录》，在梳理现有法律法规的基础上，共整合形成三大类33项具体措施，明确联合惩戒的范围、对象、惩戒措施、责任部门，规定协同监管和联合惩戒的具体实施方式和信息反馈通报机制，以深圳市电子政务资源信息共享平台作为各部门信息互通和共享的"中转站"，有效解决了制约联合惩戒发挥作用的"信息孤岛"问题，为实现商事主体向信用监管跨越打下坚实基础，是深圳市深化商事制度改革、加快构建商事主体信用监管体系建设、完善事中事后监管的有力手段，也是体现深圳地方特色和深圳市社会信用体系建设探索实践成果的具体措施。

（四）建设和完善全市商事主体信用信息公示平台，构建现代市场治理和社会信用体系

深圳市已建成全市统一的商事主体登记及许可审批信用信息公示平台（以下简称"公示平台"），打通了市、区、街道三个层级的信息传输渠道，

归集各部门提供的商事主体登记、许可审批和日常监管信息。通过"一网、一微、一端",强化了商事主体信用监管。其中:一网(深圳信用网)已征集330万户商事主体(含注销)的登记、监管、案件、资质认证、表彰处罚、纳税状况、信贷状况等6.3亿条信息,成为华南地区最大的企业信用数据库;一微(企业信用查询)已嵌入微信、支付宝"城市服务平台"和银联钱包APP;一端("信用深圳"APP)除查询企业信用外,还具备商家评价、投诉举报、定位导航等功能。深圳市商事主体信用信息公示平台为社会公众免费提供商事主体登记信息、年报信息、监管信息、不良信用记录等信息查询服务,通过深圳信用网公开曝光失信违法主体黑名单,使商事登记改革和企业信用信息披露制度紧密结合在一起,成为政府各职能部门加强信用监管的重要载体,为构建现代市场治理和社会信用体系打下坚实基础。

（五）畅通企业退出市场机制,实行企业简易注销程序

为促进市场公平竞争,维护市场正常秩序,破解企业"退出难"问题,深圳市市场和质量监督管理委员会出台了《深圳市企业简易注销登记规定》,于2015年7月1日正式开展企业简易注销改革试点工作,对于未开业企业以及无债权债务企业,放宽注销登记的材料、程序、申请方式等条件,通过全流程网上办理。商事登记机关不再要求企业办理清算人员备案和提交清算报告。企业无须在报纸上发布注销公告,提交材料信息后,由商事登记机关通过网上免费发布注销公告。

实行企业简易注销程序,为需要退出市场的企业提供了极大方便,免除了以往烦琐的注销手续,商事登记机关真正做到了服务到位,通过提供权威的公共公示平台,减少了企业的开支成本,优化了资源配置,激发了市场活力。

三、深圳商事登记制度改革的主要内容

深圳商事登记制度改革以全面提升"放、管、服"为抓手,通过一系列简政放权、便民惠民的改革举措,使商事制度改革与实施深圳质量、创新驱动发展战略的成效叠加,构建公平竞争的市场环境和具有国际竞争力的营商

环境，为深圳社会经济转型升级、提质增效提供持久动力。主要影响有：

（一）推动供给侧结构性改革，催生发展新动力

商事制度改革通过简政放权，大幅降低准入门槛，营造出便捷宽松的市场准入环境；通过加强事中事后监管，促进公平竞争，大力扶持小微企业和高科技创新企业，促进产业转型升级，深圳市商事主体总量跃居全国大中城市首位（商改前排名全国第六位），累计实有商事主体 268.7 万户（企业152.9 万户、个体户 115.8 万户）。

1. 商事主体增长幅度全国第一

截至 2017 年 1 月 31 日，深圳市新登记商事主体 178.1 万户，2013 年 3月 1 日至 2017 年 1 月 31 日增长了 275%。

2. 创业密度稳居全国最高

按市统计局公布的常住人口 1137.89 万人计算，深圳市每千人拥有商事主体 236 户、拥有企业 134 户，创业密度居全国首位。

3. 红利不断显现，社会参保、税收成倍增长

参保及缴费单位翻倍增长，参加"五险"人数突破 1000 万人，社保纳入"多证合一"。截至 2018 年 1 月 31 日，参保单位又增长 16.2%、缴费单位增长 20.8%。个人所得税扣缴单位由 41 万户增至 87 万户，增长超过一倍，个税扣缴人数由 787 万人增至 1678 万人，增长了 113.2%，年平均增幅19.75%。改革使得深圳市经济保持了有质量的稳定增长和可持续的全面发展。

（二）提升公众满意度，深入推进注册便利化

广东省工商局、广东省社科院联合发布的《2016 年度广东各市开办企业便利度评估报告》显示，全省 21 个地级以上市开办企业便利度排名中，深圳高居全省第一。

1. 多措并举便企利民，网上登记应势飙升

实行全流程网上登记后，注册登记 95% 以上设立业务、80% 以上变更业务已实现全程网上办理。登记方式从传统的以窗口为主转变为以网上注册为主，进一步提高了登记便利化水平，审核效率大幅度提高。

2. 政府机构功能优化，有效节约行政资源

商事制度改革创新了"互联网＋"登记模式，实现了部门间信息共享。政府受理部门从 5 个削减为 1 个，有效节约了政府受理部门窗口资源。如国税部门受理窗口由 200 个下降到 7 个，受理人员由 200 人下降到 27 人，公安部门印章审批工作量减少 80%，窗口人员精减 60%。登记档案共享，以每月 10 万笔全流程网上登记业务计算，每年节省档案纸张约 2400 万页，每年节省档案库房约 600 平方米。

3. 降低市场准入成本，构建便利营商环境

改先证后照为先照后证，实行企业住所自行申报制度，经营范围备案制度，均大幅降低了市场主体准入门槛；实行注册资本认缴制度，为企业和办事群众省下了到会计师事务所验资的手续费；改革登记方式后，过去传统窗口办事最长需要 20 天才能领到执照，现在网上全流程办理 1—2 天甚至 24 小时就能办妥；"多证合一"改革制度有效整合了政府部门间的资源，将多个政府服务窗口整合为一个大服务窗口对外，实现了"一站式"服务，减少了企业和群众往返政府部门的次数，节约了办事成本和办事时间，以往要 1—2 个月跑多个部门办理，现在只需要到一个窗口 1—2 天办妥，办事便利性大大提高。

（三）提升法制保障水平，促进经济社会发展

深圳市推动商事制度改革起步早、调研准备充分、手段方法科学、视野开阔，利用和凭借特区立法优势，将整个改革活动纳入法制的框架中，确保了商事制度改革的有序推进，保证了改革的持续性、稳定性、有效性，在全国范围内产生了积极的影响。

1. 改革首次写入党和国家的重要文件，国家治理更趋科学化扁平化

2013 年 11 月 12 日，党的十八大三中全会通过《中共中央关于全面深化改革若干重大问题的决定》，明确提出"推进工商注册制度便利化，削减资质认定项目，由先证后照改为先照后证，把注册资本实缴登记制逐步改为认缴登记制"。2014 年 2 月 7 日，国务院印发《注册资本登记制度改革方案》；2014 年 6 月，深圳市实施的"三证合一"被写入了《国务院关于促进市场公平竞争维护市场正常秩序的若干意见》中。

2. 推动登记体制变革，完善公司治理法治基础

深圳率先实施《深圳经济特区商事登记若干规定》，为国家法律法规修订打下基础。2014 年 3 月 1 日《中华人民共和国公司法》《中华人民共和国公司登记管理条例》进行修订，全国人大根据《中华人民共和国公司法》的修改对《刑法》相关条款进行了新的解释，内容与深圳的改革高度一致，体现了深圳改革的前瞻性以及作为改革试验窗口的引领示范作用。

四、深圳商事登记制度的未来发展方向

深圳商事登记制度改革后仍然存在一些问题，主要表现在：

（一）立法分散，缺乏统一标准

深圳虽然制定了相对统一的商事登记制度规定——《深圳经济特区商事登记若干规定》，但是还存在以下几个问题。

一是对于商事登记的规定不够详尽，很多情况下依然要适用国家层面的法律法规，但由于立法理念的不同，往往会出现冲突的情况。二是自身的严谨性及合理性还有待商榷，使用到的一些概念也没有给出准确、严格的定义，仅有学理上的解释，在实践中难以适当地加以运用。三是效力仅及于深圳经济特区范围内，如果深圳的商事主体到外地办事，可能由于适用规定的不同而出现各种难以解决的问题，不利于商事主体跨地区的交流。

（二）商事登记队伍建设情况不容乐观

一是受理人员数量不足。业务量成倍增加，但是负责受理工作的人员却没有得到相应的增补，这导致每个受理人员的压力非常大，往往都是看两眼材料了事，根本没有时间认真地对申请材料和内容进行形式审查，不仅大大提高了业务办理的出错率，还导致长期窗口或网上排长队的现象，"即来即办"成了空谈。这与改革简化程序、解决办事难的目的相背离。

二是专业化程度不够。在主体资格与营业资格分离后，大多数许可经营事项从前置审批改为后置审批，在登记系统中需要由受理人员手动将涉及审批的经营范围推送给相关部门。但由于审批事项涉及社会生活的方方面面，

新生事物又不断出现，受理人员本身仅在工商行政管理部门工作，对属于其他部门的职能缺乏专业知识，实践中往往会出现"该推送的没推送，不该推送的乱推送，该送你的送给他"等类似的问题；"多证合一"后，甚至还要掌握一定的税务、刻章知识。这些要求对于一个并未接受各项其他专业培训的商事登记机关工作人员来说显得过于困难了，并且行政机关中各岗位人员流动性较大，很少有人愿意去花时间学这么多可能以后再也用不上的东西，因此只能敷衍了事。

（三）过度降低门槛助长虚假登记现象

注册资本的放开以及地址的信息申报制使得商事主体登记门槛降到了最低点，尤其在实行全流程商事登记之前，在窗口仅需要提供身份证及其他纸质材料即可办理各种类型的商事主体营业执照，这就给一些不法分子可乘之机，使原本冒用的身份信息和虚构的地址信息披上了看似合法的外衣。通过虚报得来的营业执照主要被用于诈骗、虚开发票及皮包合同几个方面。即使登记的主体信息是真实的，但由于实行注册资本认缴登记制，很多并不具备相应实力的公司通过虚报注册资本摇身一变，成为资本上亿的大型公司，同时由于出资时间和比例仅仅需要约定于公司章程中，可以约定几年、几十年甚至上百年内缴清，这便给了虚假出资者以可乘之机，使其得以通过公司章程"合法地"掩护不履行出资义务的行为。市场交易中的主体很难判断该公司的真实资金情况，也难防范该公司虚假出资。尽管公司自然应当对资本缴付情况的真实性负责，但从交易安全的角度来看很难做到规避风险，增加了整个市场的不确定性。

此外，经营异常名录制度存在较大的局限性。经营异常名录是一项很有创新意义的信用制度，解决了商事主体轻微违法行为缺乏惩戒措施的问题，也从一定程度上代替了行政处罚，引导商事主体加强自我监督。但是，经营异常名录毕竟是一项新生事物，在实际运行中也存在一些问题。

一是对正规经营的商事主体造成误伤。对于确认某个商事主体能否通过住所（经营场所）联系，深圳商事登记机关采取的方式是定期向商事主体邮寄专用的"商事主体联系函"，一经签收，视为已经取得联系；无人签收的，视为无法联系，将其载入经营异常名录。这种方式虽然简单方便，但很容易造成误伤。

二是对故意违法的商事主体缺乏力度。从经营异常名录的制度设计上来看，可以说是"防君子不防小人"。对于那些冒用他人身份信息进行登记的商事主体，根本不担心被载入经营异常名录，因为这些非法成立的商事主体本身就只是临时利用，用完即扔，如果不深入追究的话也只能惩戒到替罪羊身上；对于因要用来签署虚假合同而成立的商事主体，他们可以采取集中挂靠的方式，数十家甚至上百家商事主体都登记在同一个地址上，那么所有信函都可以顺利签收；对于并不实际经营的皮包公司，因地址问题被载入异常名录后只需要做一次地址变更登记便恢复了，并不担心留下什么记录。

（四）审批后置带来的后续监管问题

在我国，许可经营项目的审批部门多数都只是小单位，不可能有足够的人手对涉及其职能的商事主体进行巡查监管，而且有些单位根本就没有执法权，即使发现了无证经营的行为也无能为力。这就可能出现三种情况，一是商事主体自身并不知道需要办理审批文件而进行无证经营行为；二是交易相对人误以为商事主体取得了营业执照便有了合法的各种经营资格；三是商事主体故意不办理审批文件，以期成为漏网之鱼，甚至用于非法目的。无论哪种情况，都可能对市场交易造成不良影响。

（五）深圳对个体工商户的转让登记缺乏法律依据

关于个体工商户转让或者说是变更经营者，深圳目前的做法是由双方当事人到场签署转让协议并加盖手印认可，在材料齐全的情况下给予变更登记，或者是通过全流程网上登记方式，由双方使用数字证书签署认可。但《个体工商户条例》第十条规定："个体工商户变更经营者的，应当在办理注销登记后，由新的经营者重新申请办理注册登记。"并且，还规定了对个体工商户转让行为的处罚措施。即使深圳出台过鼓励个体户经营的办法涉及这部分内容，这种对经营者直接变更的登记在法律上也还是存在一定的瑕疵。

在深圳最初的商事登记制度改革计划中，打算将个体工商户豁免登记，这意味着个体工商户不再需要办理营业执照，凭税务登记证即可开展一般的经营活动，只是如要从事特许行业依然需要办理相关许可审批证件。然而在将草案交予人大审查的过程中，这一改革被否决了，理由主要是关系到一些一时难以解决的法律问题和后期的监管问题。

针对上述问题，深圳商事登记制度的未来发展方向可从以下几方面入手。

1. 推动建立《商事登记法》

《深圳经济特区商事登记若干规定》作为一部根据《中华人民共和国立法法》授权而制定的经济特区法规，可以在一定程度上突破法律的界限，对深圳辖区范围内的事项作出变通规定，可说是属于深圳经济特区特有的"商事登记法"。但各省市之间的贸易往来日渐频繁，如果深圳的规定与全国其他地区遵循的法律有较大差异的话，在某些情况下难免会出现法律适用的问题。因此，有必要基于我国商事登记现状，以《深圳经济特区商事登记若干规定》及其他地方性规定为参考，同时借鉴发达国家的成功经验，建立一部全国性的、统一标准的《商事登记法》，重点规范以下内容。

一是明确各种商事行为和商事名词的概念。鉴于我国暂时不大可能制定一部商法典来构建我国的整个商事体系，因此对于一些概念性问题就需要在《商事登记法》中加以规制。

二是商事登记对主体的确认功能。将这个商事登记最基本也是最重要的功能通过法律加以规制，同时也从法律层面明确商事主体资格与经营资格相分离的原则。同时对监管责任予以规定，防止出现互相推诿的现象。

三是统一商事登记程序。对商事登记事项作出统一的规定，并对受理时限进行相对确定的规定，以体现商事登记的效率价值。

四是相对的形式审查主义。基于商事登记的私法性质和效率原则，一般情况下仅对申请登记材料进行形式审查，如果材料齐全，并符合法定形式，就应当予以登记。但如果登记材料的真实性确实存在重大疑问或第三人有证据证明可能涉及虚假材料的，登记人员也可以依职权对相关事项进行实质审查，这也是在效率优先的前提下对商事登记安全价值的体现，否则就可能出现登记人员明知材料有假却不得不进行登记的情形。

五是明确法律责任。由于商事登记从理论上来说并非一种行政许可，也就不适用《中华人民共和国行政许可法》中的法律责任章节各条款，因此有必要在统一的《商事登记法》中对这部分内容重新进行完整的规定。尤其对于冒用他人身份信息进行商事登记的行为，要对相关经办人（需要知道或应当知道冒用的事实）和实际控制人都规定严厉的处罚措施，并给受害人提供方便撤销登记的途径。

2. 探索建立商事登记官制度

在商事登记相对成熟的发法国家，大多实行注册官制度，意即由通过资格考试、具备专业知识的人作为注册官在商事登记机关相应的岗位上行使审批权力。为扎实做好商事登记业务，进一步加强登记与监管工作的衔接和配合，本着对专业化商事登记队伍的需求，建议在深圳试点建立商事登记官制度，由具备专业知识的人员来进行商事登记的受理工作，不仅可以提高工作效率、减少出错率，同时也能在一定程度上缓解无人愿意主动承担枯燥的商事登记受理工作的尴尬局面。

相比曾在我国上海、海南、福建等地进行过试点的企业注册官制度，此处论述的商事登记官制度有很大的不同。

一是商事登记官资格通过公开考试取得，分为面向社会的职业资格考试和面向商事登记机关内公职人员的任职考试。其中，前者取得助理商事登记官资格，可从事辅助性或一般性的商事登记受理，实行政府统一协议工资制，待遇随商事登记工作年限逐年增长；后者取得商事登记官资格，可以从事所有商事登记受理，在原有普通公务员工资的基础上提供类似于公检法系统的资格或职称津贴。这样一来可以拓宽商事登记官的选拔范围，不占用商事登记机关中的行政编制；二来能够提高公务员前往商事登记岗位履职的积极性。

二是商事登记官资格仅在从事一线商事登记工作时有效，离职后三个月自动取消资格，如再次从事相关工作需重新考取资格。商事登记受理是一项时效性很强的工作，如果离开岗位几个月可能就发生了很多变化，同时也鼓励商事登记官坚守岗位。

三是商事登记官不设级别，也不与行政级别挂钩，仅仅是从事某项具体工作的资格。现在的商事登记不同以往，基本只需要基层受理人员一支笔即可完成，将商事登记官分级不仅没有必要，可能还会使得设立这一制度的目的变质，有助于保持商事登记官队伍的纯洁性，拒绝挂名或跳板的情况。

3. 加快企业信用体系建设

对于实行市场经济体制的国家或地区，如果其经济水平持续增长，那么市场交易形态的顺序就会发生变化，该国或该地区的经济活动就会日益信用化。随着我国人均 GDP 的不断提高，信用理应成为市场经济中的主导因素。我国的传统思维是一种"熟人"模式，对于信任的理解主要基于相互之间的关系。而在现代，"陌生人社会"逐渐取代了传统的"熟人社会"，原有的人际信任关系被打破，这时候人与人之间信任关系的建立应该基于契约，由法律制度加以保障，对失信行为进行惩戒或公示。因此，以政府为主导，对交易主体的信用加以评价，便成了关键的问题。

在西方发达国家，社会信用体系比较完善，与此对应的是企业自身信用意识非常强烈，这两者是互相影响、互相促进的。我国应当从中吸取经验，以信用监管手段为依托，加强企业征信管理，推动建设我国的企业信用体系（值得注意的是，我国的企业信用体系暂时还应该包括个体工商户在内）。

一是完善相关法律法规，为企业信用体系提供制度保障。实现有法可依，不仅让信用体系有了强制力的保障，同时也可以约束征信机构的行为，防止权力滥用。

二是加强信用信息共享，形成部门间信息联动。商事登记机关应与税务、海关、银行等部门共享信息，让相关商事主体"一处失信，处处受限"，达到信用体系所要实现的效果。

三是建立双重评价机制，同时约束企业和个人。商事主体是由个人成立的，如果仅仅约束商事主体本身的信用，并不能对失信行为起到相当的惩戒作用。因此，商事主体的法定代表人、投资者或经营者都应当对商事主体的信用负责。此外，对于被证实提供虚假身份材料的商事主体，则上述人员不应该成为替罪羊，应该直接追究经办人的责任，将其失信行为记录在案；经办人受他人委托提供虚假材料的，由自己举证证明。

四是发挥异常经营名录作用，实现信用惩戒效果。目前可载入异常经营名录的情形还比较少，主要只是对地址和年报这两种情况的记录。笔者认为，无证经营、超期经营、清算阶段（清算期间企业不具有经营资格）及被举报冒用身份信息等情况也可纳入制度范围。同时也要注意，对异常经营名录的管理应当谨慎。对于商事主体未签收联系函的，最好能间隔一定时日二次邮寄联系函进一步确认，或者通过电话、上门等方式予以确认，而在之后被证实确实在原址经营的给予有条件地消除记录；对于个体工商户申报年度报告的期限延长至整年，并加大相关宣传力度，提供方便快捷的申报方式。

4. 加强事中监督及事后监管

针对大部分审批事项后置产生的监管问题，理论上应当本着"谁审批、谁监管，谁主管、谁监管"的原则进行分工，但是出于保护市场交易安全及维护市场秩序的目的，也不能不考虑现状，就简单地将监管责任完全归于审批部门。笔者认为，应当从事中、事后两个节点来对监管的职责进行划分。

一是商事登记机关要履行事中告知义务。在进行商事设立登记或者涉及经营范围的变更登记时，商事登记机关应当对商事主体申报的经营项目进行分类，对于一般项目可以自主经营，无须其他审批；而涉及法定的后置审批事项的，充分运用信息化手段，通过业务系统将相关商事主体的信息推送给相关的审批部门。这对商事登记机关受理人员的专业性和业务知识面要求较高，由此也可见建立商事登记官制度的必要性。

二是审批部门要充分发挥事后监管的作用。审批机关在接到商事登记机关推送的商事主体信息后，应及时对相关信息进行排查，对于符合审批要求的重点监管、督促办证。同时，要完善协同监管机制，无论是哪个部门在日常或专项检查中发现无证经营的行为，都有告知相关审批部门的义务，从而避免审批部门人手不足的弊端。

5. 逐步取消个体工商户登记

个体工商户是我国特有的概念，是商事主体中的重要组成部分，但其制度设计越来越难以适应高速发展的经济社会。众所周知，个体工商户没有独立法人人格，在民法上要承担无限责任，然而社会上普遍认为个体工商户只是小本经营，这与无限责任的承担产生了矛盾，个体工商户注销时又无须清算，不利于债务的实现；此外，个体工商户在某种层面上已与个人独资企业没有太大区别，但在商事活动中却有诸多不便。个体工商户不允许转让，也无法成立分支机构，有些行业又不允许个体工商户进入，已经到了一个比较尴尬的地步。

笔者建议取消个体工商户登记，也不是说这一阶层不需要登记（珠海横琴新区曾经尝试过这一做法，但问题频发，最终还是恢复了登记），而是取消个体工商户这一登记类型，转而升级为更适应现代市场要求的商事主体类型，符合市场经济的内在要求，与国际通行的做法接轨。

考虑到现实、观念、法律上还存在一些障碍，需要时间去克服，可以采取间接的方式来促使个体工商户登记的逐渐取消。也就是通过税收、融资等方面的扶持，鼓励个体工商户转型登记为小微企业。在《中小企业划型标准规定》中已明确规定了"微型企业"的类型，其规模与一般意义上的个体工商户没有太大差别，积极引导个体工商户转型升级为微型企业不仅有利于其自身规范经营、增强其信用能力，同时也是一个很好的过渡方式。从商事登记的工作实践来看，个体工商户对税务问题最为敏感，觉得自己是个小店而已，不愿意办理税务证更不愿意进行报税；此外，就是认为企业登记和退出机制比较麻烦，个体工商户的形式简单方便。基于此，为了顺利完成过渡，商事登记机关应当联合税务部门对符合条件的个体工商户进行转型提供优惠政策，使其转型后并不会承担额外的税务负担。

由于商事登记是对商事主体资格的确认，至于是否具有相应的营业资格还要分情况而定，那么作为商事登记载体的营业执照理应也体现这一理念。营业执照，从字面上直接理解就是因确认相应的营业资格而获得的执照。基于公众的法律认知程度一般不会很高，很多人可能会认为只要有了营业执照就有了营业资格。既然经营资格已经与主体资格分离，那么营业执照作为单纯确认主体资格的证明从逻辑上就不应该再出现"营业"的字眼。这里需要参考一下其他地区对"营业执照"的表述，同时尽量减少翻译造成的误差。

具备较成熟商事登记制度的国家或地区普遍采用主体证明的形式来表述其商事登记的纸质载体。既然深圳在《深圳经济特区商事登记若干规定》中规定了"商事登记簿"的有关内容，那么相应的"营业执照"也可据此修改为"商事主体登记证"，但前提是对"商事"的概念给出严格的法律定义。我国各地正在推进"多证合一、一照一码"的相关改革，如果能借此机会修改现行"营业执照"的表述，就更能体现出深圳商事登记制度改革的目的和意义。

第十章　中山市流动人员积分制改革
与人的城镇化

　　人的城镇化是现代化的内在要求。改革开放以来，人口流动给我国经济社会发展带来前所未有的巨大活力，但是，由于受到以户籍、土地制度为核心而形成的体制壁垒的影响，流动人口① "扎根城市却不是城里人" "住在城市却难享城里的好"。为有效化解由此而来的新矛盾，我们必须深化户籍制度改革，加快推进人的城镇化进程。在此背景下，广东省中山市在借鉴国外移民管理经验的基础上，于 2007 年率先在全国提出了一种渐进式户籍制度改革和人的城镇化的新思路——流动人员积分制改革。中山市流动人员积分制改革具有重要的示范意义，它不仅为国内许多城市所借鉴，也得到了国家层面的认可。因此，考察中山市流动人员积分制改革的背景、过程、内容、影响以及未来走向，对于加快推进人的城镇化进程、建设包容性的现代城市具有非常重要的现实意义。

一、中山市流动人员积分制改革的社会经济背景

　　所谓流动人员积分制，是指地方政府为有序解决流动人口落户和基本公共

---

　　① 流动人口是指在不迁转户籍而离开户籍所在地一定时间、跨越一定空间范围，并在一定时间内往返于居住地与户籍所在地的人口以及来自我国港、澳、台地区和国外的暂住人口。与流动人口相关的概念还有农民工、外来务工人员、外来人口、农业转移人口等。这些概念的内涵不尽相同，外延上存在交叉但又有区别。但是，不管差异如何，这几个概念所涵盖的人员主要指户籍身份为农民、职业身份为产业工人的农民工（现在更多使用农业转移人口）。不管是在理论研究文献中，还是在政策文件中，这几个概念经常被交替使用。本书在行文过程中，也会交替使用这些概念，特别是 "流动人口" 和 "流动人员" 这两个概念。中山市的政策文本中更多使用的是 "流动人员" 这一表述，而有些地方又使用 "流动人口" 的表述，如 "中山市流动人口管理办公室"。这两个概念所指的都是同一类人，"流动人口" 强调的是这一特殊群体的总体性，而 "流动人员" 则更强调这一特殊群体中的具体个体。

服务获取问题，而通过一套积分指标计算积分并通过积分获取相应的服务和管理待遇的规范准则体系的总和。这一管理制度最早形成于中山市的小榄镇、东升镇和火炬开发区等镇区，涉及积分入户、积分入学和积分租住公租房等内容。

凭借地处改革开放前沿地带的区位优势，改革开放以来，中山市的经济社会得以快速发展。经济社会的快速发展吸收了大量流动人口前来中山市务工经商。随着流动人口的急速增加，与之相关的城市管理和人的城镇化问题也日益突出。由于受传统户籍制度的影响，以农业转移人口为主体的流动人口一方面为自己工作的城市建设作出了巨大贡献；另一方面，他们又无法像城市户籍居民一样平等地分享城市的基本公共服务，无法真正地融入城市。进入 21 世纪以来，随着经济社会环境的变迁，党和国家的施政理念相继发生了深刻的变化，流动人口的权益保障和市民化问题更加受到重视。理念的转变推动着政策的创新。为落实国家有关推进以农业转移人口为主体的流动人口市民化的政策精神，全国许多城市开展了新一轮以户籍制度改革为主要内容的流动人口管理体制改革。在这一轮改革中，郑州、石家庄等少数城市曾尝试全面放开城市户籍，但其具有突破性意义的户籍制度改革最终因城市基本公务服务供给的严重不足而被迫停止。这些城市的改革实践告诉我们，社会主义初级阶段的基本国情决定了我们的户籍制度改革既不能太慢，也不能太急。推进户籍制度改革和人的城镇化进程，必须尊重历史和现实，充分考虑不同类型城市的人口规模和综合承载能力。

在这一背景下，为破解流动人口管理难题，中山市的小榄镇、东升镇和火炬开发区等镇区于 2007 年开展了流动人员子女凭积分入读公办学校试点工作。同年，小榄镇和火炬开发区分别制定了"外来务工人员子女申请入读公办小学积分表"和"非户籍适龄儿童申请公办学校学位积分表"，并依照积分表计算出的积分和公办学位的承受能力来安排流动人员子女入学名额。[①] 这些镇区的做法得到了广东省委、省政府的高度重视。汪洋同志对积分制改革作出了专门批示，要求广东省各地市结合实际进行这方面的探索。2008 年，中山市政府又研究决定，开展"关于加强人口宏观调控问题，制定流动人口积分登记实施细则"的工作。随后，为确保积分制管理制度设计的科学性，中

---

① 丁凯：《落地生根——积分制改革与人的城镇化新思路》，中国青年出版社 2015 年版，第 39 页。

山市流动人口管理办公室委托广东省社会科学院社会学和人口学研究所的研究团队就积分制问题进行调研，并于 2009 年 1 月发布了由中山市流动人口管理办公室与广东省社会科学院社会学与人口学研究所共同撰写的调研报告——《中山市流动人口积分制管理研究》和《中山市流动人员积分制管理指标体系实施细则（征求意见稿）》。《中山市流动人员积分制管理指标体系实施细则（征求意见稿）》发布后，中山市政府办又先后召开了多次专门论证会，收集各方面的意见。① 同年 7 月，省人大常委会修订通过了《广东省流动人口服务管理条例》，对居住证作出如下规定："居住证持证人在同一居住地连续居住并依法缴纳社会保险费满七年、有固定住所、稳定职业、符合计划生育政策、依法纳税并无犯罪记录的，可以申请常住户口"，"常住户口的入户实行年度总量控制、按照条件受理、人才优先、依次轮候办理，具体办法由居住地地级以上市人民政府制定"。这一规定为中山市人民政府探索流动人口管理的具体办法提供了依据。在经过反复论证、多次修订的基础上，中山市分别于 2009 年 10 月和 12 月颁布了《中山市流动人员积分制管理暂行规定》和《中山市流动人员积分制管理实施细则（试行）》。这两份文件的正式颁布标志着中山市流动人员积分制管理工作进入全面实施阶段。2010 年 1 月 10 日，中山市全市正式启动流动人员积分制受理工作，由此，中山市也率先在全国开启了流动人员积分制管理新模式。

二、中山市流动人员积分制改革的发展过程

从 2007 年到 2018 年的短短十来年时间里，中山市流动人员积分制改革经历了试行、推广、调整和成熟等几个阶段。②

（一）中山市流动人员积分制改革的试行阶段

2007 年到 2009 年 9 月为中山市流动人员积分制改革的试行阶段。中山市

① 参见中山市流动人口管理办公室原主任陈惠超口述材料《全国率先实施流动人员积分制管理》中的有关内容。

② 2018 年 8 月 14 日，笔者到中山市就积分制有关问题进行调研时，中山市流动人口管理办公室李有林副主任提供的《中山市流动人员积分制管理项目描述》材料将中山市流动人员积分制改革过程划分为 5 个阶段，即试行期、推广期、调整期、深化期和成熟期，本书的写作参考了这些材料。

的小榄镇、东升镇以及火炬开发区等镇区于 2007 年开展了以积分的方式让部分流动人员子女入读公办学校的试点工作。广东省委、省政府对这些镇区的积分制改革试点工作给予了高度的重视，省委政策研究室于 2008 年 6 月围绕这一问题进行了专题调研，并撰写了《中山市对外来务工人员开展百佳评选和实行积分制的做法与启示》的调研报告，汪洋同志对积分制作出了专门批示，并要求各市结合实际进行这方面的探索。

（二）中山市流动人员积分制改革的推广阶段

2009 年 10 月到 2010 年 4 月为中山市流动人员积分制改革的推广阶段。中山市流动人员积分制改革进入全面推广阶段的标志性事件是《中山市流动人员积分制管理暂行规定》（2009 年 10 月）和《中山市流动人员积分制管理实施细则（试行）》（2009 年 12 月）的正式出台。2010 年 1 月 10 日，流动人员积分制受理工作在中山市全市正式启动。中山市流动人口管理办公室提供的数据显示，这一年申请入读小学、初中和申请入户的人数分别为 3902 人、2168 人、4684 人，而成功入户的人数分别为 2735 人、1583 人、2139 人。

（三）中山市流动人员积分制改革的调整阶段

2010 年 5 月到 2013 年 8 月为中山市流动人员积分制改革的调整阶段。为保证积分制管理工作公开、透明、高效运作，增强政府的公信力，中山市在这一阶段进一步完善了流动人员积分制相关的管理机构和工作机制，增设了中山市流动人口管理办公室积分制管理科，组建了一支近 200 人的积分制专职受理人员队伍，建立了多元宣传、计划生育审核前置、"一站式"受理、企业联络员、信息管理等管理机制；完善了积分指标体系，拓展了积分制的适用范围；打造公益参与平台，引导流动人员积极参与公益事业。

（四）中山市流动人口积分制改革的成熟阶段

2013 年 9 月至今为中山市流动人员积分制改革的成熟阶段。中山市流动人员积分制改革进入成熟阶段的标志性事件是 2013 年 9 月《中山市流动人员积分制管理规定》和《中山市流动人员积分制管理实施细则》的颁布。在这一阶段，中山市将支撑积分制管理的两份关键性文件由暂行（试行）文件修改为正式文件，创建了积分入户二次排位工作模式，进一步完善了流动人员积分制指标体系。

三、中山市流动人员积分制管理制度的基本内容

中山市流动人员积分制管理制度，遵循"总量控制、统筹兼顾、分类管理、分区排名"的原则，以积分排名高低来安排流动人员每年入户、入学和租住保障性住房的指标名额，以推进户籍制度改革和流动人口城镇化进程，从而实现流动人口的个人发展与城市需要的对接，实现流动人口从流入城市到融入城市的跨越。中山市流动人员积分制管理制度的基本内容包括以下几个方面[①]。

（一）积分制适应对象

根据 2016 年 12 月修订的《中山市流动人员积分制管理规定》，积分制适应对象包括满足以下条件的流动人口：户籍不在中山市，已在中山市办理《广东省居住证》（含居住登记），目前在中山市工作且已累计满半年以上（含半年）。与 2009 年 10 月 16 日出台的《中山市流动人员积分制管理暂行规定》相比，工作年限由原来的 1 年以上（含 1 年）缩短到半年（含半年）。

（二）积分制计分标准

流动人员积分制管理的核心是积分表（见表 10-1）。积分表的计分标准由基础分、附加分和扣减分三部分组成。基础分指标由个人素质、参保情况和居住情况三类一级指标组成；附加分指标由个人基本情况、人才岗位、专利创新、表彰奖励、社会贡献、纳税情况等九类一级指标组成；扣减分指标由违反计划生育法律法规政策和违法犯罪两类一级指标组成。入学、承租公租房总积分由基础分、附加分累加构成，入户总积分则由基础分、附加分和扣减分累加而成。根据《中山市流动人员积分制管理规定》，达到积分要求的流动人员的适龄子女，只要符合入学条件，就可在工作地或本人、配偶的产权房屋所在地申请小学一年级或初中一年级新生公办学位排名；积分累计达到 30 分的流动人员，提出申请的上月在中山市缴纳了社会保险费，其本人及

---

① 中山市流动人口管理办公室：《中山市流动人员积分制管理工作手册 2018 年》，第 111—121 页。

家庭成员在中山市无任何形式的住宅建设用地及自有住房，或者虽有自有住房但住房面积低于本市规定的住房保障面积标准，并符合政府规定的其他条件的，可申请承租属于政府所有的（或可由政府支配的）公租房排名；积分累计达到60分的流动人员，提出申请的上月在中山市缴纳了社会保险费（派驻中山市分支机构，可在总部所在地缴纳社会保险费），且符合申请人本人、配偶、子女或双方父母在中山市拥有合法房产或者是申请人在中山市有合法职业连续满3年的（以连续缴纳社会保险并办理居住证为标准）这两个条件中的一条的，在法定工作年龄内可申请积分入户排名。

表10-1 中山市流动人员积分制管理积分指标及分值表（2016年12月修订）①

指标分类	一级指标	二级指标	三级指标	指导分值	备注
基础分	个人素质	文化程度	初中	10分	按最高学历计分，不累计积分
			高中（中技、中职）	15分	
			大专	60分	
			本科及以上	80分	
		职业资格、专业技术资格或企业评定的相当岗位等级技术技能	初级技工	10分	
			中级技工	20分	
			高级技工、专业技术资格初级	40分	
			技师、专业技术资格中级	60分	
			高级技师、专业技术资格高级	80分	
			经企业评定的岗位等级相当于初级职称的	30分	
			经企业评定的岗位等级相当于中级职称的	50分	

① 本表根据《中山市流动人员积分制管理计分标准》绘制而成。随着入户新政的实施，入户途径的拓宽，中山市自2018年开始不再实施积分入户政策，积分入学和积分承租公租房政策继续实施。中山市2018年积分制管理仍适用2016年12月颁布的《中山市流动人员积分制管理规定》和《中山市流动人员积分制管理实施细则》。但是，《中山市流动人员积分制管理规定》《中山市流动人员积分制管理实施细则》以及与之配套的计分标准会随着中山市社会经济发展情况和中央、省委省政府政策的变化而变化。由于中央和省委省政府有关户籍、计划生育等系列政策的调整，中山市正着手修订流动人员积分制管理规定及相关的配套措施。这些政策自2009年实施以来已进行过多次调整，有关这些政策调整的详细论述请参考《落地生根——积分制改革与人的城镇化新思路》（丁凯，2015）。

指标分类	一级指标	二级指标	三级指标	指导分值	备注
基础分	参保情况	参加中山市社会保险		每满半年积7.5分	可累计积分，不满半年不计分
		广东省内中山市以外参加社会保险		每满半年积2.5分	
	居住情况	房产情况	本人、配偶、子女或双方父母在中山市拥有合法房产（住宅）	150分	
		办理居住证年限	在中山市办理居住证	每满半年积5分	可累计积分，不满半年不计分
		住房公积金缴纳情况	按规定在本市开立住房公积金账户的	6分	
			在本市按月缴交住房公积金的	每缴交3个月积1.2分，最高限30分	
附加分	个人基本情况	年龄	45周岁以下	每减少1岁积1分，最高15分	
		卫生和计划生育情况	自觉为子女参加中山市计划免疫	1分	
			按程序完成国家一类疫苗接种的	2分	
			子女按规定完成健康检查的	1分	
			完成孕前优生健康检查所有项目的	1分	
			在怀孕12周前到中山市助产机构建卡，并按规定落实5次孕期健康检查	3分	
			未在12周前建卡，但已落实5次孕期健康检查	2分	
			在中山市签订《家庭医生式服务协议书》，且共同生活的家庭成员均在中山市建立了完整的居民电子健康档案	2分	

指标分类	一级指标	二级指标	三级指标	指导分值	备注
附加分	个人基本情况	卫生和计划生育情况	申请人在离开户籍地前办理了国家统一格式的《流动人口婚育证明》或广东省统一格式的《计划生育服务证》，到达中山市后按照有关规定在居住地卫计部门进行验证，并按照证件的管理年限及时换证	3分	
			申请人一个月前已在中山市计划生育信息系统办理信息登记	1分	
			申请人夫妻双方无违反法律法规政策生育行为	60分	此项计入子女积分入学总积分
			申请人夫妻有违反法律法规政策生育行为，均已接受处理完毕	30分	
	人才岗位	高新技术企业技术人员	在中山市高新企业就业的技术人员	每满1年积5分，最高限30分	同为高新技术和总部企业的，不重复积分，按最高单项分值计分
		总部企业技术人员	在中山市总部企业就业的技术人员	每满1年积5分，最高限30分	
		环卫工作人员	在中山市从事环卫工作人员	工作满3年积15分，每增加1年再积5分，最高限30分	
	专利创新	近5年内在中山市获得国家授权并有效的发明专利在递交申请时记载的发明人		每项15分，发明人为多个的，按实际发明人数平均计分，最高限30分	

续表

指标分类	一级指标	二级指标	三级指标	指导分值	备注
附加分	表彰奖励	获得中山市镇区党委（党工委）、政府（办事处）、处级行政部门表彰嘉奖或授予荣誉称号		每次积30分	可累积计分，最高限120分
		获得中山市党委、政府或厅局级行政部门表彰嘉奖或授予荣誉称号		每次积60分	
		获得省党委政府或部级行政部门表彰嘉奖或授予荣誉称号		每次积90分	
		获得党中央、国务院表彰嘉奖或授予荣誉称号		每次积120分	
	社会贡献	参加志愿服务		满50小时积4分，此后每满10小时积1分，最高限20分	近5年内在中山市从事社会服务
		参加无偿献血等	参加无偿献血	每满100毫升积1.5分，机采血小板每1U积3分，最高限15分	
			在中山市登记成为中华骨髓库志愿者	积3分	
			成功实现骨髓捐献（造血干细胞）	积50分（此项不受近5年限制）	

续表

指标分类	一级指标	二级指标	三级指标	指导分值	备注
附加分	社会贡献	在中山市举报火灾隐患或违法犯罪线索，经核查属实		每宗积0.3分，最高限20分	近5年内在中山市从事社会服务
		提交积分制管理申请时，担任中山市流动人口和出租屋服务管理兼职联络员且在聘期内		积5分	
		充分发挥先锋模范作用，积极参与各项社会服务，在中山市"两新"组织党员积分服务网取得相应积分		每满1000分积0.5分，最高限30分	
	纳税情况	个人在中山市累计缴纳个人所得税		每满1000元积1分	
		从事工商经营活动累计缴纳除个人所得税外的其他税款		每满1万元积1分，最高限300分	
	儿童随行卡办理情况	主动到流动人口管理部门为子女办理登记手续，并领取《十六周岁以下儿童随行卡》		积3分	
	社会教育	近5年内在中山市积极参与社区活动和社会教育培训，获得相关单位颁发认可的结业证书		每次积3分，不同类别可累计积分，最高限15分	

指标分类	一级指标	二级指标	三级指标	指导分值	备注
附加分	基础教育	申请入读公办小学一年级的流动人员子女在中山市全日制幼儿园（含公办和民办）接受学前教育		每满1年积1分，最高限3分	此项计入子女积分入学总积分
		申请入读公办初中一年级的流动人员子女在中山市全日制小学（含公办和民办）连续就读满1年		每满1年积1分，最高限6分	
扣减分	违反计划生育法律法规政策	违反法律法规政策生育（含收养）子女		每生育（含收养）一个子女扣60分	
	违法犯罪	近3年内曾受过拘留处罚		每次扣30分	
		近5年内曾受过刑事处罚		扣100分	

（三）积分使用范围

中山市流动人员积分制管理中的积分使用范围经历了一个动态调整的过程。在试行阶段，积分仅仅用于流动人员子女入学方面，后来逐步扩展到积分入户、租住公租房等方面。随着国家和省级法规政策的变化，自2018年开始，入户中山不再纳入积分制管理，流动人员子女入学、租住公租房仍依照积分制管理。

四、中山市实施流动人员积分制改革的主要成效

流动人员积分制改革是中山市为创新社会治理而进行的一项有益探索。这一改革的主要成效可归纳为以下几个方面。

（一）为流动人口落户城市、共享教育等基本公共服务提供了可行途径

中山市流动人口数量大，他们中的许多人有着强烈落户中山市的意愿。中山市流动人员积分制改革让每个工作于中山的流动人员看到了落户中山并分享中山市城市基础公共服务的希望。中山市流动人口办公室提供的统计数据显示，自2010年积分制的全面实施到2018年9月，共有27515名流动人员获得入户资格，占入户总申请人数的77.15%；60987名流动人员子女获得小学一年级入学资格，占总申请人数的59.6%；51559名流动人员子女获得初中一年级入学资格，占总申请人数的66.8%；839名流动人员获得入住公租房资格，占总申请人数的28.98%。

（二）为留住城市发展所需适用人才，优化中山市人口结构发挥了深远影响

中山市在设计流动人员积分制积分指标体系时，学历与技能积分指标的积分权重高，社会导向作用明显，这为留住城市发展所需人才提供了抓手。中山市流动人口办公室提供的统计数据显示，截至2018年9月，在中山市取得入户资格的27515人中，具有大专以上学历的有12919人，占总人数的46.95%；拥有技术职称和职业技术资格的有10605人，占总人数的38.54%；16—35周岁的有16033人，占总人数的58.27%。这为留住城市发展所需人才、优化中山市人口结构发挥了深远影响。

（三）注重人口综合素养，为促进城市包容发展发挥了引导作用

中山市流动人员积分制既有人口规模调控的功能，又能有效发挥社会规范引导的作用。从中山市流动人员积分制积分指标体系可以看出，积分指标

体系的设计既强调了以学历、职业技能为参照的个人素质，又综合考虑了自我修养、创新能力、社会贡献等方面的因素。积分制有助于引导流动人口遵纪守法、热心社会公益事业，为促进城市包容发展发挥了引导作用。

五、中山市流动人员积分制改革遇到的主要困难

自2010年全面实施以来，中山市流动人员积分制改革成效显著；但是，在实施过程中也遇到了不少困难，一定程度上影响了政策效用的发挥。

（一）国家层面的法律法规的相对滞后性制约了制度创新的力度

我们知道，以农业转移人口为主体的流动人口的长期存在是一个极具中国特色的社会现象，而这一现象得以形成的体制背景是以户籍、土地制度为支撑的城乡二元分割的社会体制。但是，推进土地、户籍制度变革的权限主要集中于国家层面，地方政府突破的空间较小。流动人员积分制改革是中山市在这样一个特定的宏观体制背景下为最大限度地拓展户籍制度改革空间和探索人的城镇化新路子的有益尝试。积分制改革试图突破长期以来以户口为标准来决定能否享受城市基本公共服务的做法。积分制改革在一定程度上解决了部分流动人员入户、子女入学以及租住公租房的问题，但是，中山市积分制改革的实践也表明，在宏观性体制问题不解决的前提下，流动人口市民化方面的改革仍然只能以小范围、少量试验形式进行局部改革。在缺乏国家层面的法律支撑的情况下，许多地方政府想解决的问题仍无法统筹解决，如积分入学仍不能很好地解决流动人员子女参加高考等问题。[①]

（二）公共资源的不足限制了城市基本公共服务向流动人口延伸的范围

积分制改革是中山市为推进流动人口市民化进程而进行的有益探索，但是，由于城市基本公共服务供给总体上相对不足以及行政区域的分割性特点，

---

① 丁凯：《落地生根——积分制改革与人的城镇化新思路》，中国青年出版社2015年版，第130—132页。

在中山市务工的流动人员要享受中山市的基本公共服务仍是有条件的，虽然户籍已不再是唯一的标准，但积分仍是一种不低的门槛。积分制通过指标总量控制和倾向性的指标权重设计，将流动人口中的大多数底层农民工排斥在这一制度之外。从中山市设定的积分指标来看，虽然这些指标是动态调整的，但指标设定的人才偏好和投资偏好的总体趋势并没有根本变化。依照 2016 年修订的《中山市流动人员积分制管理计分标准》的规定，本科以上学历的分值为 80 分，大专为 60 分，高中（中技、中职）为 15 分，初中为 10 分。一个本科毕业生，仅学历这一项就超出一个初中毕业生 70 分之多，后者想通过其他项目来填平这一差距的难度可想而知。然而，有关中山市农民工的调查数据显示，中山市农民工学历层次大多数为高中及以下水平，占比超过 78.63%，而受过大专及以上教育的仅占 20% 左右。[①] 从技能资格方面来看，也存在同样的问题。有关调查发现只有 25.39% 的流动人口受访者经常参加职业技能培训，其他的则很少或没有职业技能培训的经历。政策设计者之所以要设置如此高的门槛，其根本原因是城市基本公共服务供给仍然无法满足多数流动人员的需要，例如，在积分入学方面，只有在满足了户籍居民需要后，中山市才有可能把多出来的学位提供给积分申请者。当然，提供什么，不提供什么，提供多少，这完全由地方的综合承载能力决定，而不是由流动人员的需求决定。

（三）协调机制的不完善，积分申请手续过于复杂

中山市流动人员积分指标体系的计分项非常多，细化后有几十项，且在申请积分时，当事人必须提供相应的资料证明。烦琐的手续和诸多的证明极大地增加了积分申请人的申请成本。与此同时，积分制管理还涉及众多职能部门和群团组织，如公安、人力资源和社会保障、教育、国土、税务、工商、民政、计生、法制、妇联、志愿组织等。不论是指标数量的拟定、证明的提供，还是资料的审核都要求部门间的协调与配合，一旦部门间职责分工不清、协调不畅，就会影响积分制的实施效率。因此，如何简化申请流程、建立有

---

① 丁凯：《落地生根——积分制改革与人的城镇化新思路》，中国青年出版社 2015 年版，第 109 页。

效的部门间协调机制是积分制实施过程中必须引起重视的问题。

六、中山市流动人员积分制改革推广的可行性及其优化

中山市流动人员积分制改革是一项具有范本意义的户籍改革和人的城镇化新思路，当然，中山市流动人员积分制改革的实践也表明，中山市现行的积分制也并非尽善尽美，仍有很大的优化空间。

（一）中山市流动人员积分制改革推广的可行性

中山市流动人员积分制改革在全国引起了巨大反响。积分制不仅先后为全国许多城市所效仿，而且也得到了国家层面的肯定。2014 年 3 月中共中央、国务院印发的《国家新型城镇化规划（2014—2020 年）》指出，"特大城市可采取积分制等方式设置阶梯式落户通道调控落户规模和节奏"①。2014 年 7 月 24 日国务院发布的《国务院关于进一步推进户籍制度改革的意见》（国发〔2014〕25 号）也指出，"城区人口 300 万至 500 万的城市……可结合本地实际，建立积分落户制度"，"改进城区人口 500 万以上的城市现行落户政策，建立完善积分落户制度"。② 中山市流动人员积分制改革之所以具有推广的可行性主要是基于以下原因。

1. 积分制改革是一项渐进而可控的创新性改革举措

推进农业转移人口市民化是我国社会管理中的一项重要任务。如何破除户籍壁垒、推进人的城镇化，依然是一个紧迫的现实问题。但是，由于受到城市综合承载能力和发展潜力的制约，许多城市的改革实践证明，户籍改革是一项系统工程，不可能一蹴而就。中山市流动人员积分制改革遵循渐进的改革思路，是一种具有自主调节机制的改革设计。中山市根据城市综合承受能力和城市发展需要，遵循"总量控制"的原则，每年安排一定数量的入户、入读公办学校和保障性住房指标给流动人员，具有自主调节机制，保障了制度的可持续性。积分制是一项能够在流动人员需求和城市综合承受能力之间

---

① 《国家新型城镇化规划（2014—2020 年）》，人民出版社 2014 年版，第 22 页。
② 《国务院关于进一步推进户籍制度改革的意见》，人民出版社 2014 年版，第 4 页。

寻找到最大平衡点的可放可控的制度设计，也是一项在实践中证明了的可行的改革设计。

2. 流动人员积分制改革是一项得到广大民众高度认可的改革举措

中山市流动人员积分制改革契合了流动人员对基本公共服务的迫切需要，是一项具有极强的针对性和认可度的改革举措。一方面，计分标准可根据流动人员的意见和政府部门的建议适时调整，以更好地实现流动人员对城市基本公共服务需要和城市发展、城市综合承受能力间的动态平衡；另一方面，积分制也因积分指标明确、依据清晰、实施过程公开透明而获得民众的认可。

(二) 中山市流动人员积分制改革优化的潜在空间

积分制改革是一项极具操作性的改革举措。但是，中山市的改革实践表明，积分制仍须在实践中不断优化完善。

1. 优化积分指标体系，增强政策普惠性

衡量流动人员对于城市的贡献应综合考虑多种因素，如文化、技能、投资纳税、工作时间和工作成绩等。中山市设计的积分指标体系虽几经调整优化，但是，与学历、技能资格、职称、投资纳税等指标相比，工龄和居住时间等要素在指标体系中所占分值偏低。在调查中，我们发现，依据现行标准，绝大多数流动人员会被排斥在这一政策之外。因此，为增强政策的普惠性，必须优化现行的积分指标体系，适当提高参与社保、工作居住年限、服从管理的分值比重。

2. 简化申请流程，加强跨区域的协调和合作

从积分制的实施来看，积分申请流程仍然比较烦琐，烦琐的流程增加了申请者的成本，因而，简化申请流程，加强跨区域协调和合作，是进一步优化积分制改革的重要环节。简化申请流程的关键在于建立起统一的积分制信息系统。通过这一系统，申请者可以在工作地或居住地市提出申请，由证书或证明文件发出地在网上负责审核。建立健全积分制管理流入地、流出地的双向联动的协作机制，有效加强居住地与流出地的沟通，积极做好对接工作。①

---

① 唐晓阳、邓卫文：《广东实施农民工积分制入户政策的效果评价及完善对策研究》，《广东行政学院学报》2013 年第 6 期。

3. 适当增加计划指标数，延伸积分制权益范围

从中山市积分制改革的实践来看，每年成功实现积分入户、积分入学的人员占申请人数的比例是比较高的；但是，如果同数以百万计生活工作于此的流动人员相比较，这一比例又是相当低的。由于目前总量指标数少，能够受惠于积分制改革的流动人员仍属少数，这样就使得原本"利好"流动人员的积分制改革政策有可能变成一个"美丽童话"。

优化积分制改革政策不仅要增加总量指标数，还要延伸积分制的适应范围，逐步将医疗、社会保障等基本公共服务纳入积分制管理，真正实现人的城镇化。

第四部分　政府治理过程优化

第十一章 广东省行政审批标准化管理改革

一、广东省行政审批标准化管理改革的历史背景

行政审批制度改革是我国推进行政体制改革、实现政府职能转变和落实简政放权改革的重要内容。2011 年 11 月 14 日，国务院召开深入推进行政审批制度改革工作电视电话会议，时任国家总理温家宝指出，"行政审批制度改革是行政管理体制改革的重要内容，是民主政治建设的重要内容，是政府职能转变的关键环节，一定要坚定不移地继续推进，进一步破除制约经济社会发展的体制机制障碍"①。此次会议还要求从清理减少和调整行政审批事项、严格依法设定和实施审批事项、创新行政审批服务方式、强化对权力运行的监督制约等方面推进行政审批制度改革。党的十八大以来多次重要会议聚焦行政审批制度改革。党的十八大报告要求，"深化行政审批制度改革，继续简政放权，推动政府职能向创造良好发展环境、提供优质公共服务、维护社会公平正义转变"②。党的十八届二中全会指出，转变政府职能是深化行政体制改革的核心。党的十八届三中全会提出，"要进一步简政放权，深化行政审批制度改革，最大限度地减少中央政府对微观事务的管理；经济体制改革的核心问题是处理好政府和市场的关系，使市场在资源配置中起决定性作用和更好发挥政府作用"③。党的

---

① 温家宝：《深化行政审批制度改革推动政府职能转变》，中华人民共和国中央人民政府网站，http：//www. gov. cn/ldhd/2011 – 11/14/content_ 1992715. htm，2011 年 11 月 14 日。

② 胡锦涛：《坚定不移沿着中国特色社会主义道路前进 为全面建成小康社会而奋斗》，人民网，http：//cpc. people. com. cn/n/2012/1118/c64094 – 19612151 – 5. html，2012 年 11 月 18 日。

③ 李克强：《深化行政体制改革 切实转变政府职能——在全国推进简政放权放管结合职能转变工作电视电话会议上的讲话》，人民网，http：//theory. people. com. cn/n/2015/0515/c40531 – 27004602. html，2015 年 5 月 15 日。

十九大报告要求从转变政府职能、深化简政放权、创新监管方式等方面发力，增强政府公信力和执行力，建设人民满意的服务型政府。[①]

广东省一直以来高度重视行政审批制度改革工作。2014 年 1 月，中共广东省委十一届三次全会审议通过的《中共广东省委贯彻落实〈中共中央关于全面深化改革若干重大问题的决定〉的意见》明确提出："最大限度地减少政府对微观事务的管理，市场机制能有效调节的经济活动一律取消审批，基层政府管理更为便利有效的审批事项一律下放。继续精简行政审批事项，到 2018 年减少 50% 以上。优化审批流程，压减前置审批环节，建立'办事工作日'和'告知承诺'机制，研究制定省行政审批标准化实施办法，建立统一的行政审批信息管理服务平台，向社会公布实施行政审批办事指南和业务手册。制定省行政审批监督管理条例，建立行政审批目录管理制度，严格控制新设行政审批事项。推进审批后监管制度化建设，加强发展战略规划和政策标准制定，强化公共服务、市场监管、社会管理、环境保护等职责。"[②] 行政审批标准化管理是推进行政审批制度改革的重要抓手，同时有助于巩固行政审批制度改革的成果。2015 年国务院发布《国务院关于印发〈2015 年推进简政放权放管结合转变职能工作方案〉的通知》（国发〔2015〕29 号），明确提出，"国务院部门所有行政审批事项都要逐项公开审批流程，压缩并明确审批时限，约束自由裁量权，以标准化促进规范化"[③]。标准化指的是"为了在一定范围内获得最佳秩序，对现实问题或潜在问题制定共同使用和重复使用的条款的活动"[④]。标准化是对随意性和无规则性的纠正和控制，能确保工作过程和工作结果不因人为因素而改变。行政审批行为具有一定的重复性，尽管申请人、申请条件具有一定的个性，但是行政审批的条件、判断标准应当是

---

① 习近平：《决胜全面建成小康社会 夺取新时代中国特色社会主义伟大胜利——在中国共产党第十九次全国代表大会上的报告》，人民出版社 2017 年版，第 49 页。

② 《中共广东省委贯彻落实〈中共中央关于全面深化改革若干重大问题的决定〉的意见》（全文），南方网，http：//news. southcn. com/gdnews/wzxc/zd/content/2014 － 01/20/content_ 90509669_ 3. htm，2014 年 1 月 20 日。

③ 《国务院关于印发〈2015 年推进简政放权放管结合转变政府职能工作方案〉的通知》（国发〔2015〕29 号），中华人民共和国中央人民政府网站，http：//www. gov. cn/zhengce/content/2015 － 05/15/content_ 9764. htm，2015 年 5 月 15 日。

④ 黄恒学、张勇主编：《政府基本公共服务标准化研究》，人民出版社 2011 年版，第 34 页。

一致的，行政审批程序是相同的，这些都具备了标准化管理的条件。① 行政审批标准化是一项将先进行政管理方式和标准化理念引入行政审批流程的改革创新，其目的是为企业、公众和经济社会发展提供稳定、高效的行政审批服务；实现每一审批事项的依据、条件更加明确，审批程序更加简便高效，审批行为更加规范透明，减少部门之间、法律规范之间互为前置、互相矛盾的审批怪圈；实现审批流程的无缝对接，规范行政审批权力的运行，通过公开各类标准信息，压缩行政审批自由裁量权，强化对行政审批权的全方位监督。② 推进行政审批标准化，是解决人民群众反映的"审批难"、约束自由裁量权、降低制度性交易成本、提高行政审批效率的重要手段；是规范行政审批过程和提升行政审批效能的基础性、长期性工作，是深化行政审批制度改革的必然选择，是建设服务型政府的重要措施。

二、广东省行政审批标准化管理改革的过程

广东省从 2013 年开始启动行政审批标准化工作，将标准化的理念、技术和方法引入到行政审批工作中，对行政审批项目、行政审批基本要素、行政审批流程、行政审批裁量基准和行政审批服务、行政审批监督评价等进行统一和规范，逐渐实现行政审批项目的统一、规范，各要素各环节的透明、优化，裁量基准可操作、可控制、可监督，服务方便、舒适、快捷，监督评价科学、及时，最大限度地降低行政审批过程中人为主观因素的不当影响，最大限度地减少行政审批腐败，最大限度地提高审批效率。广东省佛山市南海区是广东省率先开展行政审批标准化改革工作的地区。该区于 2013 年 4 月启动行政审批标准化改革，同年 9 月南海区被选为广东省行政审批标准化试点地区。针对行政审批过去存在的流程笼统、人为拖延等问题，南海的标准化建设重点从行政审批要件、审批流程、审批裁量标准、行政审批服务收件四个方面，制定了一套系统的行政审批办理标准。2013 年年底，佛山市南海区推出了广东省第一份负面清单，并在全国范围内率先实施由"负面清单、准许清

---

① 高富平、孙英：《行政审批标准化管理的内涵、作用和局限性》，《晋阳学刊》2014 年第4 期。
② 黄小勇：《政府流程再造视野下的行政审批标准化建设》，《行政管理改革》2012 年第 4 期。

单、监管清单"构成的三单管理,由此厘清了政府、企业和市场的活动边界。①

2014 年,广东省继续推进行政审批制度改革,此年度改革工作的重点集中在梳理减少行政审批事项、优化行政审批流程、压缩前置审批环节、建设通用的行政审批信息管理服务平台、制定并公布行政审批办事指南和行政审批业务手册等方面。2015 年,广东省在项目投资核准、生产经营许可、社会事业准入等重点领域继续加大简政放权力度,并取得了一定的成效。据《2016 年广东省国民经济和社会发展报告》统计,2015 年广东省共取消和调整升级行政审批 120 项;完成省级政府部门 328 项非行政许可审批事项和市、县设定的非行政许可审批事项清理工作;组织开展中央指定地方实施的行政审批事项清理工作,配合推动国务院出台第一批取消 62 项中央指定地方实施的行政审批事项目录。② 2015 年 3 月 9 日,广东省人民政府办公厅印发《广东省人民政府办公厅关于开展行政审批标准化工作的通知》(粤办函〔2015〕62 号),该文件要求在全省推广行政审批标准化,加快编制行政审批事项办事指南和行政审批业务手册,明确行政审批要素,优化审批流程,规范审批裁量基准,压缩审批时限,同步建立办事工作日制度。③

2016 年,广东省行政审批标准化深入推进,印发了《广东省人民政府办公厅关于抓紧做好行政审批标准化工作的通知》(粤府办明电〔2016〕43 号)④,广东省机构编制委员会办公室修订发布《广东省行政许可事项通用目录(2016 年版)》⑤。这两份文件的发布有助于推动完善广东行政审批事项标准录入模块功能,深入推进行政审批标准化实施工作。2016 年广东省在推动

---

① 李颖:《行政审批"南海标准"在广东全省推广》,《中国质量万里行》2016 年第 6 期。

② 广东省发展和改革委员会编:《2016 年广东省国民经济和社会发展报告》,广东人民出版社 2016 年版,第 192 页。

③ 《广东省人民政府办公厅关于开展行政审批标准化工作的通知》(粤办函〔2015〕62 号),http://www. chancheng. gov. cn/chancheng/ggxx/201709/7a401550d97a4884bc6032a24ca432f9. shtml,2015 年 3 月 9 日。

④ 《广东省人民政府办公厅关于抓紧做好行政审批标准化工作的通知》(粤府办明电〔2016〕43 号),http://www. thnet. gov. cn/thxxw/spbzh/201612/ee938136956a4fe8b081e84d41ad4eef. shtml,2016 年 12 月 13 日。

⑤ 《广东省机构编制委员会办公室关于公布〈广东省行政许可事项通用目录(2016 年版)〉的函》(粤机编办发〔2016〕71 号),http://www. chancheng. gov. cn/ccfw/zczy/201710/dd398862309b457583b74ea1ed3e7760. shtml,2016 年 6 月 7 日。

广东省各地和各部门编制行政审批办事指南和行政审批业务手册、简化行政审批申请材料、简化行政审批办理环节、缩短行政审批办理时限等方面取得了一定成效。《2017 年广东省国民经济和社会发展报告》公布的数据显示，截至 2016 年年底，省、市、县三级 2836 项行政许可和公共服务事项标准模板已编写完成，省直部门行政许可办事事项累积压减承诺办理时限 3516 日，简化优化办理环节 756 个，规范或减少申请材料 2032 件，分别细化量化模糊条款、清除兜底条款 1422 个和 480 个，大幅简化优化办事流程；规范编制行政许可流程图 1692 个，明确自由材料标准 1972 个，最大限度地减少人为因素、降低办事成本、提高行政效率。[①]

三、广东省行政审批标准化管理主要的改革举措

广东省主要从行政审批事项目录标准化管理、行政审批流程标准化管理、行政审批裁量基准标准化管理、发布和实施行政审批地方标准、全面推动行政审批标准化管理与信息技术相结合等方面来推进行政审批标准化管理改革。

（一）行政审批事项目录标准化管理

行政审批事项目录中明确列出了行政审批部门能够设立的行政审批事项，那些没有列入行政审批目录的行政审批事项不能够实施，由此实现对行政审批权力进行规范。从 2013 年开始，广东省启动覆盖省、市、县三级行政部门的行政审批事项通用目录编写和制定工作，并重点对地方各级政府部门保留的行政审批事项进行全面的梳理，严格规范行政审批事项的实施依据、审批对象、审批类别等基本要素。《广东省人民政府办公厅关于开展行政审批标准化工作的通知》（粤办函〔2015〕62 号）明确要求，广东省各级政府要修订本级保留的行政审批事项目录，统一主项、子项的设置及事项名称。行政审批事项目录主要规范以下几个方面的内容。

一是规范行政审批事项及其构成要素。行政审批部门要严格规范行政审

---

① 广东省发展和改革委员会编：《2017 年广东省国民经济和社会发展报告》，广东人民出版社 2017 年版，第 195 页。

批事项的实施依据、审批对象、审批类别等基本要素，实现省、市、县三级统一规范行政审批事项的名称和类别。

二是规范行政审批事项的子项目设置。入驻广东省网上办事大厅的相关行政部门根据网上办事的需要和方便群众办事的原则，将一级行政审批事项进一步分解成多个子项目，并逐一明确和规范各子项目的审批要素。各级政府对照细化后的通用审批事项的子项，对应地规范本级行政审批事项的子项，并按要求进驻网上办事大厅和实体办事大厅。广东省各级行政部门不保留和实施通用审批事项及其子项以外的行政审批项目。

三是加强行政审批事项目录的动态管理。随着行政审批事项及其子项、行政审批实施的依据、行政审批对象、行政审批类型等变化，及时调整和修改行政审批事项目录。行政审批事项目录动态管理的具体操作方法是：各级政府按照要求先将行政审批事项及其基本要素报广东省机构编制委员会办公室审核并赋码，然后再将其列入行政审批通用目录进行管理。①

2014 年 11 月，广东省对外公布了全国首张行政审批事项通用目录，并于 2016 年、2017 年和 2018 年对通用目录进行动态调整和修订，最新的《广东省行政许可事项通用目录（2018 年版）》已于 2018 年 7 月印发。如表 11 - 1 所示，最新的行政许可事项通用目录按照职权部门、职权编码、事项名称、依据、实施层级（省、市、县）、备注等项目进行编写，共涉及 677 项行政许可事项。② 通过编制行政审批事项通用目录，实现了省、市、县同一审批事项名称相同，同一层级同一审批事项的子项设置、实施依据、审批对象相同，为推行行政审批标准化管理奠定了基础。③

例如，广州市荔湾区按照"权责相一致、有权必有责、权责受监督"的原则，推行权责清单标准化，编制公布了 31 个部门的权责清单。④ 荔湾区行

---

① 《广东省人民政府办公厅关于开展行政审批标准化工作的通知》（粤办函〔2015〕62 号），http://www. chancheng. gov. cn/chancheng/ggxx/201709/7a401550d97a4884bc6032a24ca432f9. shtml，2015 年 3 月 9 日。

② 《广东省机构编制委员会办公室关于印发〈广东省行政许可事项通用目录（2018 年版）〉的通知》，http://www. szpsq. gov. cn/xxgk/cdlyxxgk/spgg/zczy/201808/t20180814_ 13901357. htm，2018 年 8 月 14 日。

③ 黎巧能：《行政许可标准化的广东实践》，《中国机构改革与管理》2016 年第 12 期。

④ 广州市荔湾区编办、荔湾区政务办：《广州市荔湾区创新推进行政审批标准化》，《中国机构改革与管理》2018 年第 7 期。

政审批标准化建设过程中，严格按照《广东省行政许可事项通用目录（2018年版）》和《广东省行政许可事项编码规则》来规范行政审批事项的名称，并进行统一的编码，实现了行政审批"同一事项、同一标准、同一编码"。

表 11-1 《广东省行政许可事项通用目录（2018年版）》示例

序号	职权部门	职权编码	事项名称	依据	实施层级			备注
					省	市	县	
1	发展改革部门	00001	需要履行项目审批、核准手续的依法必须招标项目的招标范围、招标方式和招标组织形式核准	1.《中华人民共和国招投标法》（2017年修正）第三、七、九、十一条 2.《中华人民共和国招投标法实施条例》（2011年国务院令第613号公布）第七条 3.《广东省实施〈中华人民共和国招投标法〉办法》（2003年）第五、十二、十五、十六条 4.《工程建设项目施工招投标办法》（2003年国家计委等七部委令第30号发布，2013年修改）第十条 5.《工程建设项目可行性研究报告增加招标内容和核准招标事项暂行规定》（2001年国家计委令第9号发布，2013年修改）第八条	√	√	√	
2	发展改革部门	00002	外商投资项目核准	1.《企业投资项目核准和备案管理条例》（2016年国务院令第673号公布）第三、六条 2.《国务院关于发布政府核准的投资项目目录（2016年本）的通知》（国发〔2016〕72号） 3.《外商投资产业指导目录（2017年修订）》（2017年国家发展改革委、商务部令第4号发布） 4.《外商投资项目核准和备案管理办法》（2014年国家发展改革委令第12号发布）第四条 5.《广东省人民政府关于发布〈广东省政府核准的投资项目目录（2017年本）〉的通知》（粤府〔2017〕113号）	√	√	√	

资料来源：《广东省机构编制委员会办公室关于印发〈广东省行政许可事项通用目录（2018年版）〉的通知》，http://www.szpsq.gov.cn/xxgk/cdlyxxgk/spgg/zczy/201808/t20180814_13901357.htm，2018年8月14日。

（二）行政审批流程标准化管理

《广东省人民政府办公厅关于开展行政审批标准化工作的通知》（粤办函〔2015〕62号）要求："各地、各部门要按照减少环节、便捷高效、方便群众的要求，重点对审批事项的申请、受理、审查、决定等环节的办理流程进行整合压减和规范，简化跨层级、跨部门审批事项办理流程，绘制和公开行政审批办理流程图。"[①] 同时明确提出行政审批事项可以划分为简单事项、一般事项和重大事项三种类别，各级政府要对此三类行政审批事项进行行政审批流程再造。[②]（1）对以书面形式审查为主的简单事项，原则上将各环节合而为一，推行即来即办或立等可取。（2）对需要进行实质性审查但无须经过特殊程序的一般事项，加大向一线业务人员授权力度，探索实行审决合一。（3）对涉及听证、招标、拍卖、考试等特殊程序的复杂事项和涉及公共安全、稀缺资源利用等重大事项，建立健全会商会审机制，并推动内部审批流程的并联办理。（4）对跨层级的行政审批事项，在深入研究论证的基础上，按照扁平化的要求逐步简化为一级办理。可取消下级部门的受理、初审环节，直接由负责审批的上级相关部门受理和审批，或者将上级部门的终审权直接下放到负责受理初审的下级相关部门。流程调整涉及突破法律法规规定的，由省直有关单位梳理汇总后报省编办，省编办审核并报省政府决定后按法定程序提请有权机关批准实施。（5）实施跨部门并联行政审批，对由多个部门共同实施的行政审批事项，明确牵头部门，尽可能推行并联审批，集约化办理。

广州市荔湾区在探索行政审批标准化管理改革过程中，对行政审批流程进行再造，按照"前台综合受理、后台分类审批、统一窗口出件"的流程开展行政审批工作。在该模式下，行政审批权限由行政审批部门的一个内设机构统一实施，并按照既定的标准化行政审批流程开展行政审批工作。行政审

---

① 《广东省人民政府办公厅关于开展行政审批标准化工作的通知》（粤办函〔2015〕62号），http://www.chancheng.gov.cn/chancheng/ggxx/201709/7a401550d97a4884bc6032a24ca432f9.shtml，2015年3月9日。

② 《广东省人民政府办公厅关于开展行政审批标准化工作的通知》（粤办函〔2015〕62号），http://www.chancheng.gov.cn/chancheng/ggxx/201709/7a401550d97a4884bc6032a24ca432f9.shtml，2015年3月9日。

批过程和审批结果信息按照标准化格式同步推送至"'一站式'行政审批系统",由该平台统一推送短信告知群众办事进度,并链接至门户网站、政务微信供办事群众查询,实现"'一站式'平台综合受理,部门专业审批网分类审批,外网咨询、查询、预约",促进部门间审批数据共享和对外公开。①

(三) 行政审批裁量基准标准化管理

《广东省人民政府办公厅关于开展行政审批标准化工作的通知》(粤办函〔2015〕62号)对行政审批裁量标准进行了明确规定。该文件要求广东省各地、各部门按照充分且必要的原则,依法合理细化、量化行政审批受理、审查、决定等各环节的裁量标准,由此压缩行政审批自由裁量空间,降低人为主观因素对行政审批的影响。首先,明确行政审批受理条件。这一环节主要是审查判断行政审批申请人提交的申请材料是否齐全并符合法定形式要求,以及行政审批申请是否属于受理范围等,并且编制判定标准量化表,严格实施补正材料"一次告知制",减少申请人重复申请的次数。其次,量化行政审批审查标准。各行政审批部门要严格对照既定的行政审批条件,为行政审批书面审查以及行政审批实地核查等各个环节编制统一的行政审查量化表,由此来规范行政审查的程序、行政审查的内容、行政审查的要求和方法以及行政审批判定标准等。对于那些不能通过行政审查量化表进行量化的行政审查标准,要采用清晰和规范的文字表达方式,供行政审查人员操作和具体实施,由此有效规范和监督行政审查行为。涉及技术性、专业性较强的专家评审、技术审查等环节的,行政审批部门要求相关专业技术机构进一步细化技术标准,做到标准清晰、明确,便于监督。最后,细化行政审批判定标准。各行政审批部门要详细地列出出具"通过""整改""不通过"等行政审批结果的判定依据,尤其是要按照"否定必有依据"的要求,清晰地罗列出要求整改或者审批不通过的具体情形,减少行政审批过程中的自由裁量空间。②

---

① 广州市荔湾区编办、荔湾区政务办:《广州市荔湾区创新推进行政审批标准化》,《中国机构改革与管理》2018年第7期。

② 《广东省人民政府办公厅关于开展行政审批标准化工作的通知》(粤办函〔2015〕62号),http://www.chancheng.gov.cn/chancheng/ggxx/201709/7a401550d97a4884bc6032a24ca432f9.shtml,2015年3月9日。

（四）发布实施行政审批地方标准

《广东省人民政府办公厅关于开展行政审批标准化工作的通知》（粤办函〔2015〕62号）要求省、市、县共有的行政审批事项，由省级相关部门统一编制办事指南和业务手册；市、县共有的行政审批事项，由市级相关部门统一编制；各级各自有的行政审批事项，由各级相关部门负责编制。为了全面规范和统一行政审批事项实施的基本要素和内容，为各地、各部门编制办事指南和业务手册提供指引，广东省于2013年7月编制发布《行政审批事项编码规则》（DB 44/T 1146 - 2013）、《行政审批事项办事指南编写规范》（DB 44/T 1147 - 2013）、《行政审批事项业务手册编写规范》（DB 44/T 1148 - 2013）三项省级行政审批地方标准。此三项地方标准于2017年进行修订，目前施行的地方标准分别为《行政许可事项编码规则》（DB 44/T 1146 - 2017）、《行政许可事项办事指南编写规范》（DB 44/T 1147 - 2017）、《行政许可事项业务手册编写规范》（DB 44/T 1148 - 2017）。《行政许可事项编码规则》是行政审批通用基础标准之一。依据统一的规则和方法进行行政审批事项编码，不仅有利于行政审批事项的管理和有效实施，而且有利于行政审批信息系统建设，有利于数据统计、分析和应用，满足信息系统互联互通和资源共享的需要。该标准规定了行政许可事项基本码编码规则、扩展码编码规则、组合码编码规则和编码的维护。该标准适用于在广东省行政许可事项管理及信息系统建设中对行政许可事项的编码。权责清单中的行政处罚、行政强制、行政征收、行政给付、行政检查、行政确认、行政奖励、行政裁决和其他等类型事项的编码可参照执行。《行政许可事项办事指南编写规范》通过对行政许可事项办事指南的要素设置及各要素应具有的基本内容作出规定，旨在规范"行政许可事项办事指南"的编写，达到优化许可流程、减少许可环节、提高许可效率和方便群众办事的目的。《行政许可事项业务手册编写规范》对行政许可事项业务手册的要素设置及各要素应具有的基本内容作出规定，以规范行政许可事项业务手册的编写，达到优化许可流程、减少许可环节、规范许可行为和提高许可效率的目的。

（五）全面推动行政审批标准化管理与信息技术相结合

通过行政审批事项目录管理、行政审批流程标准化管理、行政审批裁量基准标准化管理、发布实施行政审批地方标准等举措，广东省行政审批标准化管理取得了一定成绩。标准化技术在规范和提高行政审批质量、提升行政审批服务满意度等方面发挥了重要作用。归根结底，行政审批标准化管理的落脚点和核心在于标准的应用和实施。行政审批标准化管理和信息化技术相结合，建设信息化网上行政审批服务和管理系统，建成的网上系统为政府所用、为市民服务是行政审批标准化建设的最终目的。

广东省在推行行政审批标准化管理改革的过程中也充分认识到了行政审批标准化与信息技术结合的重要性。2016 年 3 月，《广东省人民政府办公厅印发〈关于在全省推广一门式一网式政府服务模式改革的实施方案〉的通知》（粤府办〔2016〕19 号），要求全面梳理和公开政务服务事项目录，并通过标准化规范事项名称、实施依据、服务对象、服务类别等基本要素，全部进驻实体办事大厅和网上办事大厅，并建设上下左右无缝对接、数字贯通的电子交换共享体系。[①] 其中，"一门式"指的是开展"一扇大门"通办百事，即将各行政审批部门分开设立的办事服务窗口分类整合为综合服务窗口。在具体的业务办理过程中，工作人员对照行政审批事项受理标准和要求，在综合服务前台窗口统一受理行政审批申请并出件，行政审批部门的审批人员在后台进行分类别审批，由此实现每个前台窗口都能够办理所有的行政审批申请。此外，"一网式"指的是"一张智网"提供便捷服务。近年来，广东省大力建设覆盖省、市、县、镇、村五级的行政服务网上办事大厅，建设网上公共审批系统和统一的申办受理平台。"一门式、一网式"政府服务改革，将政府部门分别设立的办事窗口和审批服务系统整合为政府综合服务窗口和网上统一申办受理平台，逐步建立"前台综合受理、后台分类审批、统一窗口出件"的服务模式，将各部门行政许可和服务事项的咨询导办、预约办事、接件受

---

① 《广东省人民政府办公厅印发〈关于在全省推广一门式一网式政府服务模式改革的实施方案〉的通知》（粤府办〔2016〕19 号），http：//zwgk.gd.gov.cn/006939748/201604/t20160405_650520.html，2016 年 3 月 23 日。

理、进度跟踪和结果信息反馈等前台服务，集中到实体综合服务窗口或网上统一申办受理平台实施；事项的审查、决定等仍由各部门在后台开展。[①]

到 2016 年年底，广东省省级网上统一申办受理平台和统一身份认证系统建设完成，该平台实现了用户"一次登录、全网通办"以及行政审批部门"一网受理、分类审批"。广东省省直部门进驻网上办事平台的工作也顺利推进。据《2017 年广东省国民经济和社会发展报告》中公布的数据显示：2016 年共有 41 个省直部门的 593 项事项进驻统一申办受理平台；44 个省直部门的 1094 项事项、21 个地市及顺德区的 16282 项事项、118 个县（市、区）的 58169 项事项分别完成与省统一身份认证平台对接。[②] 网上办事效率进一步提升，行政审批网上全流程办理率超 70%、网上办结率超 90%。[③]

四、改革的影响及未来改革的发展方向

行政审批标准化管理改革对于规范行政审批行为、推动服务型政府建设具有重要意义。行政审批标准化管理改革带来的效果体现在以下三个方面。其一，行政服务窗口数量大幅压减，资源利用实现最大化。"一门式、一网式"的标准化模式打破原有按部门、按业务开设服务窗口的传统做法，实现了向"'一门式、一网式'综合服务"的转变提升。其二，审批环节明显减少，行政效率大幅提升。例如，广州市荔湾区政务办行政审批标准化改革后，综合受理模式开展以来，平均审批时间压缩率超过 70%，大量公民类审批事项"下沉"到街道，目前已经有超过 90% 的公民类审批事项在街道受理。而区政务服务大厅开展后台即时办结服务，大大减少了一般性审批事项的审批环节；改革前的当月受理量仅为 432 项，改革后的月均受理业务量达 1200 多

---

① 《广东省人民政府办公厅印发〈关于在全省推广一门式一网式政府服务模式改革的实施方案〉的通知》（粤府办〔2016〕19 号），http：//zwgk. gd. gov. cn/006939748/201604/t20160405_ 650520. html，2016 年 3 月 23 日。

② 广东省发展和改革委员会编：《2017 年广东省国民经济和社会发展报告》，广东人民出版社 2017 年版，第 195 页。

③ 广东省发展和改革委员会编：《2017 年广东省国民经济和社会发展报告》，广东人民出版社 2017 年版，第 195 页。

项，增幅为 162.3%。① 其三，审批更加规范透明，压缩了权力寻租空间。通过改革，促使审批得到了更加全面、透明的监管。受审分离的综合受理模式，解决了审批过程中各环节权力和利益一体化问题，有效防止审批人员不作为、乱作为等腐败问题，确保各项审批在阳光下运行。

接下来进一步推进行政审批标准化管理改革，需要重点从以下方面发力。

首先，为进一步推进行政审批标准化管理改革，需要尽快制定涵盖国家、省、市、县四级的行政审批事项通用目录，制定全国通用的行政审批国家标准，进而为各个地方开展行政审批标准化管理提供统一的规范和遵循。此外，各个地方需要统一行政审批事项以及行政审批事项的基本构成要素、行政审批内容和行政审批形式等。由此才能解决现在不同地区的行政审批标准不一样、已经颁布的行政审批地方标准无法在其他地方推广适用的问题。

其次，进一步推动行政审批标准化管理与信息技术的有机融合，推动行政审批标准落地实施。行政审批事项目录标准化管理、行政审批流程标准化管理、行政审批裁量基准标准化管理以及行政审批标准的制定和实施等都为行政审批标准化管理与信息技术的结合奠定了基础。通过建设行政审批标准化管理信息技术平台，有助于提高行政审批的效率和质量，将行政审批制度改革推上新的台阶。行政审批标准化管理信息技术平台未来的发展方向是构建全省统一的甚至全国通用的行政审批标准化管理系统。

再次，在开展行政审批标准化管理的过程中，要坚持多方主体共同参与的原则，避免出现行政审批部门权力和利益要求主导标准化建设过程的现象。引入公众参与，特别是标准化、行政审批和公共服务等相关领域专家的参与和技术指导。政府、专家、公众代表不同的主体，从不同的角度来分析和衡量行政审批标准化建设，推进行政审批相关地方标准和国家标准的制定、修订。由此形成的行政审批标准化多方共同参与的工作机制，有助于保障行政审批标准化、公开性、透明性、便民性、高效性。

最后，打破部门分割的局面，以行政审批事项为对象，推进综合性的行政审批标准化而非单一部门的行政审批标准化。广东省积极推进并联审批制度改革，取得了一定成效，同时仍然面临着多个行政部门协调难和互相掣肘

---

① 数据来源于广州市荔湾区政务办提供的资料。

的问题。在进一步推进行政审批标准化管理改革的过程中，需要大力探索并联审批标准化管理，建立相应的标准化制度并将其纳入行政审批标准化管理信息技术平台。行政审批标准化管理改革推进过程中，需要打破根据行政部门职能设立行政审批事项的局面，实现就某一行政审批事项制定融通各行政审批部门、各审批环节的综合性、系统性的行政审批标准化方案。因此，行政审批标准化管理和建设接下来的重点工作是理顺相关行政审批部门间的关系，建立高效协同的跨部门的行政审批标准化管理系统。

第十二章 禅城区"一门式"政务服务改革①

　　党的十八大以来，广东省佛山市禅城区深入贯彻党中央、国务院关于深化行政审批制度改革、推进简政放权的部署，引入"互联网＋政务"理念，按照"马上就办、办就办好"和"让数据多跑路、让群众少跑腿"的要求，从 2014 年 3 月开始，探索推行"一门式、一网式"政务服务改革（简称"'一门式'政务服务改革"）。他们以"互联网＋"技术为支撑，打破部门、层级、区域行政界限和"信息孤岛"，变多门为一门，变多窗为一窗，建成覆盖全区的政务服务体系，实现进一个门（一个窗口）可办各种事、上一张网可享受全程服务的"一门式、一网式"政务服务新模式。

　　所谓"一门式"政务服务改革，就是在深化行政审批制度改革过程中，通过建设公共服务综合信息平台，将办事大厅由"多个"向"一个"集中、审批服务事项由"多窗受理"向"一窗办理和受理"集中，实现"一窗"办理所有审批服务事项的一种改革。也就是通过借助网络信息技术，再造审批流程，优化前台界面，倒逼后台革命，破除条线分割，打通"信息孤岛"和政务藩篱，将信息技术高效、便民和人文的优势嵌入政府管理服务，着力解决群众办事多个大厅跑、多个窗口排队、材料重复提交等难题。

　　推行"一门式"政务服务改革，不仅符合"一口受理""限时办理""规范办理""透明办理""网上办理"等改革思路，体现了优质、高效、规范、透明、网上办事的改革方向，而且为深化简政放权改革探索了一条新路，因而受到了社会各界的好评，得到了有关领导和专家学者的充分肯定。2015 年

　　① 相关资料由佛山市禅城区行政服务中心提供，在此表示感谢。

　　本章参考了顾平安主编的《简政放权与行政审批制度改革》一书（国家行政学院出版社 2016 年版）中由唐晓阳、陈家刚和王玉明撰写的"佛山市禅城区推行'一门式'政务服务改革"一文。

7月3日，《新闻联播》推出系列节目《深化改革重在实效》，第一集《打通简政放权的"最后一公里"》，关注的便是佛山"一门式"改革；2015年7月21日，时任广东省省长的朱小丹专程到佛山市禅城区考察，充分肯定了佛山市"一门式"政务服务体系建设所取得的成果，并要求全省各市认真学习借鉴佛山市经验，构建统一的综合信息平台，使相关办理信息实现纵向和横向的连接跳转，打通省、市、区、街不同行政层级、不同部门间的网上审批通道，提高网上并联、串联审批效率，实行审批流程的标准化改造，开展行政效能的实时在线监察，真正做到"一门"在基层、服务在网上。

通过改革，禅城区自然人"一门式"服务实现审批事项、行政层级（区、镇街、村居）、地域的全覆盖。至2018年6月底，累计完成业务804万件，群众满意度达99.92%。2015年以来，先后获得全国创新社会治理典型案例"十大最佳案例""中国'互联网+政务'优秀实践案例"。2018年5月，中共中央办公厅、国务院办公厅印发的《关于深入推进审批服务便民化的指导意见》，将《广东省佛山市"一门式一网式"经验做法》作为附件6一并印发，对佛山市"一门式一网式"改革给予充分肯定。2018年10月28日，由中国政法大学法治政府研究院、中国法学会行政法学研究会承办的第五届"中国法治政府奖"在京揭晓，佛山市人民政府"以服务创新促行政权力规范高效运行——佛山市'一门式一网式'政府服务模式改革实践"获得本届"中国法治政府奖"。2019年6月25日，禅城区行政服务中心荣获由中共中央组织部、中共中央宣传部组织的第九届全国"人民满意的公务员集体"称号。

一、佛山市禅城区推行"一门式"政务服务改革的背景

禅城区是佛山市政府的所在地，占地面积154.7平方公里，2018年年底常住人口118.4万人，户籍人口约68.24万人，下辖一镇三街140个村（居）。禅城区推行"一门式"政务服务改革，是在深化行政审批制度改革、简政放权的新形势下，按照中央、广东省的部署，不断精简审批事项、创新审批方式、加强审批监督、规范审批行为的一种有益尝试，目的是为人民群众提供方便快捷、优质高效的公共服务，改革的直接动因是解决"办事难、标准难、共享难、放权难"等难题。具体说来，主要有以下几方面的缘由。

（一）为了满足公共服务需求的不断增长

随着社会经济的不断发展和人民生活水平的不断提高，对公共服务需求也不再只是局限于吃饱穿暖，而是呈现出多样性、丰富性，从而对政府提供公共服务的方式、效率、水平、质量等各个方面都提出了更高的要求。特别是许多涉及人民群众切身利益的民生问题，越来越受到关注。然而，由于各种各样的原因，目前政府提供的公共服务无论是数量和规模，还是质量和水平，都难以满足人民群众日益增长的美好生活需求。尤其是不少企业和群众感觉到政府办事不够方便，需要多门多窗跑，才能办成一件事，同一事项在不同的政务服务窗口有不同的要求，申请要件、审批环节、办理时限等都是五花八门，未能统一标准，迫切需要进行改革。

（二）为了迎接大数据时代的严峻挑战

随着信息技术发展的日新月异，大数据正成为新时代的潮流。如何充分挖掘利用大数据所蕴含的宝藏，对于优化政府管理至关重要。但是，目前一些政府部门还没有准备好。一方面，信息共享程度不高。相关职能部门各自开发信息系统，结构、平台等都不一样，企业和群众需要向不同的部门反复提供相同的资料，信息资料共享难；同时，部门之间由于存在条块的天然鸿沟，信息系统分割严重，业务协同、协调联动、前后衔接的部门协同机制亟待完善；此外，信息化建设、网络行政审批服务等各条线都有建设要求，一定程度上造成行政资源浪费。另一方面，"数据大"未能转化为"大数据"。企业和群众多年办事的信息，沉淀了大量的数据，未能找到管理、挖掘和应用的有效途径，成为政府部门的"鸡肋"；同时，这些数据沉睡在各个条线的系统中，形成"信息孤岛"，"孤岛"之间没有"桥梁"连接，未能成为鲜活的、动态的"大数据"。所以，为了充分利用这些数据，推动政府进行科学决策和精准治理，必须进行改革。

（三）为了有效解决政府管理存在的难题

政府管理存在许多难题，一方面，政务服务效率不够高。政务服务窗口功能过于单一，大多数政务服务窗口人员只负责收件，无权办理相关审批服务事项；同时，按部门层级安排窗口工作人员，专门窗口多、综合窗口少，资源配置不科学，人员忙闲不均的现象非常严重；此外，能够现场办结的审批服务事项很少，而后台审批不仅环节多，而且时间长，政务服务效率不高。另一方面，存在着权力寻租空间。许多审批服务事项的审批没有做到标准化、规程化，导致审批者的自由裁量权过大，成为滋生腐败的土壤；有些部门将行政审批当成自家的"一亩三分田"，将"微权力"作为寻租的工具，从而滋生各种腐败行为。尤其是存在着"信息共享难、权力下放难、业务协同难"。而为了解决这些问题，就必须运用网络信息技术，深化行政审批服务改革。

（四）为了贯彻落实简政放权改革的部署

党的十八大和党的十八届三中全会作出了深化行政审批制度改革、简政放权和全面深化改革的重大决策部署。深化改革已成为大势所趋，"今天不改革，明天被改革"。2014 年"两会"期间，习近平总书记参加上海代表团审议时，要求大胆闯、大胆试、自主改，形成可复制可推广的新制度。认真学习贯彻落实党的十八大、党的十八届三中全会和习近平总书记重要讲话精神，不断深化行政审批制度改革，不仅要做到简政放权、放管结合、优化服务（以下简称"放管服"），而且要与深化行政体制改革、建设法治政府和服务型政府结合起来。而"一门式"政务服务改革不仅是深化行政审批制度改革、简政放权的重要体现，而且是转变政府职能的一个切入点。推行"一门式"政务服务改革，正是全面贯彻落实党中央、国务院"放管服"改革部署的重要举措。

二、佛山市禅城区推行"一门式"政务服务改革的做法

2014 年 5 月 16 日，佛山市禅城区召开全区"一门式"政务服务体系建设动员大会，正式启动"一门式"政务服务体系建设工作。为保障该工作顺利推进，禅城区先行探索实施了企业登记"三证"（营业执照、机构代码证、税务登记证）同发模式及旧楼加装电梯事项"一门式"受理、"一窗式"办理，在取得了一定的成效之后，才于当年 9 月份在全区正式推行"一门式"政务

服务改革。

禅城区推行"一门式"政务服务改革最初秉持的核心理念，就是"把简单带给群众、把复杂留给政府"，后来又将其改为"把简单带给群众和政府、把复杂留给信息技术"。同时，借助"一门"（一个行政服务大厅）、"一窗"（一个综合服务窗口）、"一系统"（"一门式"政务服务综合受理系统），具体落实"一号（一个身份证号码）申请、一窗受理、一网通办"的目标。其主要做法就是：利用网络信息技术、大数据，通过"五化"（标准化、信息化、阳光化、数据化、人性化）建设，推动"两个集中"（把政府不同职能部门的多个办事大厅向一个集中、不同业务多个办事窗口向多功能窗口集中），打造新型办事服务大厅，从而实现"六个办"（一窗办、马上办、限时办、网上办、天天办、全区通办）的目标要求，为群众提供便捷、高效、人性化的政务服务。

（一）构建一个平台

构建"一门式"政务服务综合信息系统这一平台，是推行行政审批制度改革的一项基础性工作，也是禅城区推行"一门式政务服务改革"需要攻克的一个难题。由于全国各级政府部门出于保密、安全等各种原因，都建立了各自的系统平台，且尚未实现信息共享，所以，禅城区在建设"一门式"政务服务综合信息系统过程中，必须锐意创新，克服"信息孤岛"等种种困难。

1. 灵活运用"妥协"办法

"一门式"政务服务综合信息平台需要对接的专线了系统层级多、条线多。仅镇街层面需要对接的专线子系统就有 24 个，包括国家级 1 个、省级 7 个、市级 11 个、区级 5 个。为了克服系统设计标准、服务端口不同，对接技术难度大等难题，禅城区灵活运用"妥协"办法，在不破坏原有系统和不威胁各专线子系统安全性的前提下，采取"一主机双屏幕"操作模式，运用横向对接、纵向跳转、内存共享，以及开放部分数据、数据对比、提供"是"和"否"信息确认等方法，通过虚拟机和远程桌面技术，经授权在后台自动登录专线子系统，实现前、后台系统贯通，审批信息实时流转，进而实现信息共享。

2. 善于抓住有利机会

禅城区利用作为广东省电子政务畅通工程试点的机会，搭建全省统一的数据共享信息平台。实现了省市区三级联通，且预留了标准的数据接口，可根据需要实现与上级审批工作的对接。党的十九届三中全会要求：打破"信息孤岛"，统一明确各部门信息共享的种类、标准、范围、流程，加快推进部门政务信息联通共用。这显然是一大利好消息。

通过以上创新，禅城区最终建成了一个"前台统一受理、部分直接办理；后台分类处置、部门协同办理；业务流程优化、管理全程监控"的审批服务运行体系。

（二）推行五个"化"

1. 标准化

标准化建设是"一门式"政务服务改革的基础，为使部门审批权力实现透明、规范，禅城区以标准化作为"一门式"改革的起点，着力推动审批体系的标准化建设。

首先，建立健全"三个清单"。即"权责清单""负面清单""监管清单"。不仅根据中共中央、国务院和上级党委政府的要求，全面梳理区、镇（街）、村（居）的1300多个审批事项，厘清政府层级之间、部门之间的权责边界，建立了"权责清单""负面清单"，而且还根据当地实际情况建立了一张"监管清单"。明确每一个审批事项的办理条件、政策依据、申请材料、办理时限、办事程序、收费标准。目前，全市已出台《佛山市权责清单监督管理办法》，实行市、区、镇（街道）三级权责清单目录管理，全市各级各部门一张清单管理，管住审批服务改革的源头。

其次，建设"三个标准化"。一是对外服务的标准化，对纳入"一门式"服务的事项进行服务标准化梳理并集结成册，向社会公开；二是对内服务裁量准则的标准化，对每个服务事项的申请材料、审查、裁量实施标准化，建立标准化审批表，压缩工作人员的自由裁量权；三是服务流程的标准化，每个事项均制定服务流程内部运行控制图，一般包括申请和受理、承办、审核、批准、办结五个环节，特殊事项另行规定。

最后，制定"三个清晰告知"。一是清晰告知部门"哪些事项应该入门"；二是清晰告知窗口工作人员"事情应该怎么办"；三是清晰告知群众"在基层行政服务中心可以接受什么服务"。

推行行政审批标准化，审批过程"认流程不认面孔、认标准不认关系"，不仅减少了政务服务的主观性、随意性和差异性，而且提高了审批服务效率，实现无差别审批服务。可是，对于一些当事人证明材料不全、政策边界模糊，以及一些历史遗留问题，按照标准化难以解决的"疑难杂症"，要如何处理？对此，在禅城区行政服务大厅开设了"应急窗口"，专门处理此类"疑难杂症"。

2. 信息化

禅城区通过搭建全区统一的"'一门式'政务服务综合信息系统"，将1300多个审批事项都放进该系统，并与"网上办事大厅"对接，在不打破原审批模式的基础上，按照"前台一口受理、后台协同办理"的模式，统一接受来自实体大厅和网上办事大厅的申请，实现上下贯通、左右联办、信息共享、线上与线下融合服务。同时，借鉴电子商务模式，通过在线实时互动、物流建设材料交付体系，并用"电子印章"部分代替"物理印章"，将办事群众提交的申请材料用"高拍仪"即时实现电子化，窗口工作人员对申请材料进行审核并盖章后，即可通过系统上传至后台部门工作人员审批。不仅推进了一网通办，而且改变了原来物理公章、物理材料流转费时费力的状况，提高了审批效率。尤其是实现了办事群众信息"一次生成、多方复用、互认共享"，避免重复提交材料和循环证明，让数据多跑路、群众少跑腿。

3. 阳光化

坚持透明办理，构建阳光政府。实行办事标准社会公开，办事过程阳光化运作，防止权力寻租，让审批权力在阳光下运行。既是人民群众的期望，也是建设廉洁政府的需要。

首先，办事途径公开。市民和企业可随时在网上或热线等多种渠道查阅办理事项所需的申请资料，同时可通过"一按灵""空中'一门式'"电台节目解疑答惑。

其次，办事过程公开。在网上公开办理进展，企业和群众可随时查阅申请事项的进展。同时，在办事大厅使用排队叫号系统，市民和企业按照叫号顺序随机到各窗口办理，避免人情办事。

再次，办事结果公开。对于办结事项，在网上公布结果，并通过短信系统通知申请人领取，若企业和群众无法到现场领取，还可通过快递邮寄。审批不予通过的一次告知其理由和依据。

最后，健全监督系统。通过建立"'一门式'在线监察系统"，与"'一门式'政务服务综合受理系统"进行对接，将区直拥有行政审批职能的部门、4个镇街、140多个村居共1300多个审批事项纳入监管。该系统对前台受理、后台初审、审核、办结、群众取件等每一个行政审批环节，都自动实时采集信息、同步监控。从窗口受理办事群众申请开始，系统就立即开始进行倒计时，锁定每一个审批环节的责任部门和责任人，并根据办理情况自动发出红、黄牌预警，从而实现从"群众催着政府办"到"系统催着部门办"。不仅提高了审批服务效率，而且明确了审批职责权限。做到全程留痕、杜绝人情，确保前、后台工作人员的审批行为公开透明、公正规范。

4. 数据化

我们已进入了大数据时代，推进"一门式"政务服务改革，必须适应时代发展的要求，不断推进数据化。

首先，使用电子印章。通过电子印章部分替代物理印章，窗口工作人员审核资料盖章后即可上传至镇（街）工作人员审核通过。

其次，使用电子化材料流转。将申请材料通过高拍仪即时实现电子化，并通过网络传输至后台审批人员，改变原来物理材料流转费时费力的状况，提高工作效率。

最后，共享数据沉淀。将群众办理事项过程中提交的各种重复性材料（如身份证、户口本等各类基础证明材料）中包含的数据沉淀到信息系统，其他部门可直接确认办事企业和群众的相关信息，减少相关证明材料。

5. 人性化

推进"一门式"政务服务改革的目的，就是要为人民群众提供优质的审批服务，满足人民群众的公共服务需求，让人民群众有更多的获得感。

首先，培养"全能"员工。对综合窗口工作人员专门进行高强度的标准化培训，使之从"单项运动员"向"全能运动员"转变。再辅之以"傻瓜式"的操作系统，使之胜任跨部门、跨专业、多业务的窗口岗位。

其次，营造良好环境。秉承"阳光便捷服务就在你身边"的理念，对行政服务中心进行标准化改造，优化提升办事环境，设置体验区、休闲区、流转区等专门区域，比照银行 ATM 提供自助查询、提供自助上网服务，为群众提供人性化的服务。

最后，提高服务效率。通过改革，目前能够现场即办即取的服务事项共78 项，占 30%，未来随着行政审批制度改革的深入推进，其所占的比重将更高。对不能即时办理的事项，通过优化办事流程、创新办事方式、缩短办事时间。

（三）推动两个"集中"

所谓两个"集中"，就是把政府不同职能部门的多个办事大厅"集中"到一个办事大厅；把不同业务原来分散的多个办事窗口"集中"为多功能综合窗口。

1. 整合办事大厅和办事窗口

改革的第一步，就是整合办事大厅和办事窗口，使办事群众免去在多个办事大厅、多个办事窗口来回奔波之苦，享受到简便、舒适的人性化服务。这也就是所谓的"合门""并窗"。在原有行政服务大厅基础上，纳入其他专业办事大厅，将散落在其他部门的办理事项一并纳入；同时，将过去按部门业务划分的专项窗口优化整合为民生、公安、注册登记、许可经营、投资建设、税务六类综合服务窗口，任一窗口都可受理（办理）所有事项，群众办同一类事项不需再逐个窗口跑。目前，任一窗口可受理 282 个事项，任一窗口即办件达 78 项。

2. 推进信息系统对接互联

改革的第二步，就是推进信息系统对接互联。统一"前台"界面，贯通"后台"系统，通过系统跳转、对接等技术，介入到流动人口、社保、计生、国土、房管、财政、环保、食药等国家、省、市 24 个条线系统进行相关操作，实现各种业务协同办理，打破部门信息壁垒，推进跨部门信息共享。同时采取二代身份证读卡器、电脑双屏操作等办法，进一步优化操作系统，使排队叫号、系统受理、材料流转、后台操作等时间大幅缩短，提高前台和后台工作人员的工作效率。

（四）实行"六个办"

所谓"六个办"，就是一窗办、马上办、限时办、网上办、天天办、全区通办。

1. 一窗办

所谓一窗办，就是办事群众进到任何一个办事窗口，都可以办理所要办理的所有事情。这是解决群众办事"最后一公里"问题的基层实践，同时也是建设人民满意的服务型政府的要求。

2. 马上办

所谓马上办，就是78个即办事项，办事群众可以即来即办。"立等可取"，最多跑一次。

3. 限时办

所谓限时办，就是流转件实施前台受理、后台协同，在规定的时间内办结。

4. 网上办

所谓网上办，就是将"一门式"政务服务延伸到省、市、区三级网上办事大厅，利用市民之窗、微信推送、手机APP、短信反馈、自助服务终端、"12345"热线等多种信息化手段，开展网上办理。所以，许多项目办事群众一次都不用跑。

5. 天天办

所谓天天办，就是除了国家规定的其他法定节假日外，实现周六、周日不休息，群众天天都能办事。

6. 全区通办

所谓全区通办，就是依托云数据和全区统一的"一门式"政务服务信息系统，实现个别业务的全区行政服务网点通办。按照标准统一、体验一致、跨界协同、运转高效的标准，区内任一大厅均可办理全区所有事项。

实行"六个办"，群众办事"找谁都一样、谁找都一样，找哪都一样、哪找都一样"，不仅实现了审批服务的高效化，而且做到了审批服务公平公正。

三、佛山市禅城区推行"一门式"政务服务改革的成效

（一）实现了便民利民

通过推行"一门式"政务服务改革，实现了从"方便部门"到"方便群众"的转变。办事群众明显感受到"三少"。

首先，少跑腿。到2018年年底，已有357个事项（达60%）实现了"线上申请、网上审批、一口办结、立等可取"，企业通过互联网申办事项，相关部门只需根据电子材料就可审批，让企业享受到优质高效的政务服务。同时，对自然人而言，镇（街）政务服务中心能办事项由原来的78项，统一增至250项，60%以上的业务实现一次即办。

其次，少费时。群众办事等候时间由过去的15—20分钟缩短到现在的5—10分钟，等候时间减少65%；限时办事项平均办理时间缩短7.5个工作日；特别是对证明材料、表格式样和范例进行标准化设计，将不同的业务申请表格整合到一张表，推行"表单云"，开发自助填表系统，目前已实现214个表格自助填写。

最后，少带材料。将群众办事材料沉淀到信息系统，打造法人和自然人基础数据库，提高办事材料的复用率。减少申请材料的事项达94项共187份；对群众办事常用的一部分证件、证明等材料实现一次提交，多次使用。到2018年年底，178份材料通过复用实现免提交，151份材料通过信息共享实现免提交。群众深切感受了从"求人办事"到"享受服务"的转变。

（二）提高了政府效能

通过推行"一门式"政务服务改革，对接网上办事大厅和43个专线系统，86个事项使用电子化材料流转，28个事项应用电子章审批，真正做到一网通办，实现了从"部门'条块'分割"到"信息共享"的转变。

首先，打破了部门之间的权力分割。通过政府部门之间的数据信息互通互认，形成"前台统一受理、部分直接办理，后台分类处置、部门协同办理，业务流程优化、管理全程监控"的服务运行体系，打破了原来不同部门审批、

部门内部审批的制度设计壁垒，提高部门之间、上下级之间、前台与后台之间的协调配合，形成并联审批、信息共享，审批效率不断提高。

其次，推动了审批标准化建设。通过优化申请条件、办理流程，制定审批标准、裁量准则，明确受理办结时间等措施，进一步界定政府部门权力边界，严格规范工作人员的自由裁量权，真正实现"无差别审批"、标准化审批，促进了廉洁政府建设。

最后，降低了行政管理成本。推行"一门式"政务服务改革，使得办事窗口比过去减少了15%，窗口工作人员减少了30%，并彻底解决了以往窗口忙闲不均、时段性办事拥挤等问题，行政效率明显提升，行政成本大为降低。

（三）推动了协同治理

通过推行"一门式"政务服务改革，密切了干群关系，减少了矛盾和纠纷，促进了社会治理。

首先，密切了干群关系。"一门式"服务平台是个枢纽型综合服务平台，有助于加强政府与群众、企业之间的沟通。政府不仅能够真实、动态、全面地了解办事群众、企业的信息，而且也让群众和企业更好地了解到政府提供的服务。这种双向性的信息交换，使得群众、企业与政府之间的关系，由过去的求助式帮忙转变为互动式共建，不但有利于政府完善公共服务，也畅通了群众、企业表达诉求的渠道，实现了双赢甚至多赢。

其次，促进了诚信建设。对群众和企业申请资料情况记录在案，实行审批事项诚信登记，既有助于约束办事群众的行为，也有利于推动社会诚信体系建设，夯实基层社会治理的基础。

（四）促进了科学决策

通过推行"一门式"政务服务改革，促进了大数据在政府管理决策中的应用，实现数据决策、精准决策，从而提升政府科学决策能力和水平。

首先，促进了数据决策。群众办事过程中留下的"大数据"资料，形成了一个动态、实时、真实的数据库，通过"一门式"主系统相关业务数据的深入分析，政府不仅能及时掌握各项业务办理的情况，了解群众的个性化需求，进而调整优化业务流程，提高审批服务水平，而且能够为相关决策提供数据信息服务和客观依据，促进科学决策。

其次，实现了精准决策。科学决策需要精准化，而通过"一门式"政务服务平台提供的相关业务数据，不仅能够为政府找到公共服务的最大"公约数"，而且能够为实现公共服务精准化提供科学依据，做到精准决策。特别是在义务教育、养老、残疾人康复就业、失业再就业等公共服务决策方面大有作为。如利用大数据和 GIS 技术绘制"禅城教育一张图"，呈现全区各小学的位置、规模、招生计划、招生范围、各居委会的范围、招生各阶段学位总数、户籍生和非户籍生已占用学位数、剩余学位数等信息，集成各项招生数据分析功能，再根据当年计划招生数量和来年适龄儿童数量，进行对比分析处理，教育部门就不仅能及时了解适龄儿童的数量和分布，精准把握各个学校的招生情况，而且能够进行预测分析，根据学位数少于招生数的预警情况，进行智能调整，确保适龄儿童能够就近入学。再比如，通过"一门式"政务服务平台，能够精准掌握有多少老人来办理过退休养老待遇确认、有多少老人来办理过大病医保等数据资料，再进行整合分析，政府部门就能准确地了解某一镇（街）或居委会所在片区对于社会养老床位的需求情况，据此就能进行科学决策，精准地确定需要增加多少养老床位。

四、佛山市禅城区推行"一门式"政务服务改革的启示

根据禅城区"一门式"政务服务改革的推进历程、具体改革措施、所取得的成效，我们可以得到以下启示。

（一）改革必须加强党的领导

党政军民学，东西南北中，党是领导一切的。只有切实加强党的领导，才能确保改革沿着正确的方向前行。同样，禅城区在推进"一门式"政务服务改革过程中，始终是在佛山市委和区委的坚强领导下进行的。特别是有关改革方案的制定、实施，市委、区委主要领导亲自指导、过问，因而被称为"一把手工程"。禅城区主要领导兼任区行政效能提升小组组长，统筹整个改革的全过程，不仅亲自带队到先进地区学习取经，指导制定整个改革的总体路线图，而且每周主持例会，及时解决改革过程中遇到的各种问题，确保改

革能够顺利推进。可以说，没有党的坚强领导、各政府部门的大力支持，改革将寸步难行。

（二）改革必须做到于法有据

一方面，任何改革都是对传统做法的打破、既定规矩的冲破、现有法规的突破；另一方面，中央又三令五申，反复强调改革要做到于法有据。这两者之间似乎存在着一定的矛盾。对于基层而言，在改革过程中处理好两者之间的关系显得尤为重要。通常说来，解决这一矛盾的办法：要么修改现行法规，但地方尤其是基层政府无权做到，短时间也难以做到；要么获得上级的授权，在一定范围内突破现行法规的某些规定，待到改革取得成效并得到认可之后，再由立法部门修改相关法规，并以法规的形式将改革的成果肯定下来；要么就是解放思想，开动脑筋，在不违反现行法律法规的前提下，进行方式手段的突破。否则，就不要进行改革。而佛山禅城推行"一门式"政务服务改革，是一种自下而上的改革，必须在现有法律法规的框架下进行，做到于法有据，而不能违反上位法。所以，他们在改革实践过程中遇到的许多困境，主要是通过方式手段的创新来加以解决。其他一些困境则有赖于立法部门及时修改相关法律、上级政府部门推进改革，才能最终解决。如在推行"一门式"政务服务改革时，需要确认电子数据存档的合法性和有效性，可是，《中华人民共和国档案法》却只规定了纸质存档的合法性。而在法律没有修改之前，仍要做到依法办事。真正做到通过改革加强法治工作，在改革中完善和强化法治。

（三）改革必须做到循序渐进

任何改革都不是一件容易的事情，必须处理好方方面面的关系，需要克服各种各样的困难，所以，改革不能毕其功于一役，而必须循序渐进。同样，佛山禅城在推行"一门式"政务服务改革过程中，不仅注重整体设计，综合规划，而且做到循序渐进，分步实施。2014 年 5 月 16 日召开禅城区"一门式"政务服务改革动员大会，正式启动"一门式"政务服务体系建设工作；同年 9 月，自然人镇街"一门式"对外服务，并开通"空中一门式"。2015 年 4 月，自然人村居"一门式"对外服务；同年 5 月，召开法人和区级自然人"一门式"改革动员会；同年8月，法人"一门式"改革正式启动。2016年2月，法人投资类事项上线对外服务。再到整个佛山市在2015年年底完成了市级行政服务大厅综合服务窗口整合任务，各区完成第一批3—5个服务网点综合服务窗口整合任务，网上办事大厅业务量提高100%。2016年年底，各区全面完成"一门式"综合服务窗口建设任务，优化组合网上服务事项及功能，全面升级"市民网"和"企业网"，全面建成"证照管理系统"、开通"我的空间"服务，完成政务服务移动APP平台建设和政府无服务导向系统建设，全市统一实施行政审批服务标准，推广"一门式"综合受理平台，基本实现全城同办。整个改革过程做到先动员后跟进，先自然人后法人，先点后面，依此推进，逐步推广，确保整个改革平稳有序。

此外，禅城区还将"一门式"政务服务改革逐步向"一门式"执法、基层治理等领域拓展。2015年，在进行区级自然人和法人事项的"一门式"服务改革、深化完善镇街和村居服务的同时，搭建了以城管网格化为基础的社会综合治理云平台，为推进"一门式"基层治理、不断提高基层治理现代化水平奠定基础。

（四）改革必须做到综合配套

任何改革要想发挥整体效益，就必须做到配套进行。否则，上改下不改，或者左改右不改，相互掣肘，必将影响改革效果。禅城区在推行"一门式"政务服务改革过程中，非常注重综合配套。除了是"一把手工程"，主要领导高度重视，科学绘就改革蓝图之外，还要建立一个强有力的执行团队，负责整个改革方案的实施，协调各个单位、各个部门的改革。同时，需要一个"操盘手"，来主抓这一改革任务，跟踪每一项改革细节。此外，需要一个既懂技术又懂政务的"供应商"，来为改革提供相应的技术支撑，确保改革目标的顺利实现。

（五）改革必须以人民为中心

任何改革要想顺利推进并取得成功，就必须得到人民群众的拥护。而要得到人民群众的拥护，就必须坚持以人民为中心，让人民群众有更多的获得感。禅城区在推行"一门式"政务服务改革过程中，坚持从办事人的角度出发，让办事更简便一点、更快一点，处处为群众着想。不仅通过设立"市民之窗"自助服务机，方便市民就近办事、少跑腿，而且充分利用网络信息技术、电子技术，推进电子材料的复用，让群众少交材料、少填表。尤其是通过开设应急窗口，帮助群众解决一些不符合常规业务办理标准的"疑难杂症"，受到群众的广泛好评，真正体现了以人民为中心的原则。

（六）改革需要体制机制创新

改革不仅需要方法技术创新，而且需要人员素质的提升，更需要体制机制创新。禅城区推行"一门式"政务服务改革力度大，特别是前台从专窗变成通窗，意味着办理各项业务的不再是部门的专业人员，而婚姻登记、公安和市场监管等业务对办理人员的资质、身份都有明确要求，将这些业务整合纳入"一门式"政务服务改革，不仅需要技术方法创新、体制机制创新，而且要求提高窗口工作人员的综合素质。除了要熟悉计算机、网络知识，能够熟练地操作整个系统外，还要熟悉相关的法律法规政策的规定。为此，不仅需要加强教育培训，而且需要提高工资待遇。禅城区不仅编制了具体详细的业务手册，制定了禅城区电子政务数字证书和电子印章管理暂行办法、物料流转工作流程、窗口工作人员激励制度等一系列管理办法，而且制定了有针对性的培训计划，对相关工作人员进行业务知识和系统操作方面的培训，使其能够胜任跨部门、跨专业、多业务的窗口岗位工作。此外，还通过举办专业技能竞赛等多种形式，来提高相关工作人员的业务能力和综合素质。

结语　广东省治理现代化的主要做法、经验和展望[*]

　　2017 年广东省 GDP 达 8.99 万亿元，是 1978 年 185.85 亿元的 483 倍，[①]这是广东 40 多年改革开放成就的最直观写照。广东改革开放的成功，最大体现在经济建设的成功，40 多年来，通过不断挖掘"政策红利""开放红利""劳动力红利""区域优势红利"，经济持续快速发展，连续 29 年 GDP 全国排名第一。然而，在这辉煌成就的背后，不能忽视的还有"治理改革的红利"，特别是关乎政府自身的治理现代化改革，是推动着广东改革开放成功的最关键性的力量，没有政府"敢为人先"的治理现代化改革，就没有广东持续 40 多年的飞速发展。总观广东的治理现代化改革，以"下放权力、转变职能"为重点，"自上而下部署，自下而上试点"，不断理顺政府与社会关系、政府与市场关系，树立"以改革促发展、以创新求进步"的理念，先行先试，果敢坚定推进治理现代化。同时，广东凭借着毗邻港澳的区位优势，借鉴港澳治理现代化的先进理念、机制、方式和方法，并结合广东的实际不断推进先进治理现代化经验在广东落地生根，不断开拓广东特色的治理现代化道路，也为各地深化治理现代化改革提供宝贵的经验借鉴。总结广东 40 多年来的治理现代化的做法和经验，对广东率先基本实现现代化目标的完成、继续当好经济社会发展的"排头兵"、实现"四个走在前列"、当好"两个窗口"具有十分重大的意义。

---

　　[*] 本章参考了巫广永：《广东省行政体制改革 40 年的主要做法、经验总结和改革展望》，《四川行政学院学报》2019 年第 4 期。

　　[①] 《广东省 1978 年来的生产总值》，广东统计信息网，http://stats.gd.gov.cn/gdp/content/post_1430139.html，2018 年 11 月 23 日。

一、广东治理现代化的主要做法

广东省政府过去 40 多年的治理现代化改革紧紧围绕转变政府职能这个核心，不断优化政府组织机构、政府管理层级，提高行政效能，并且通过广东特色的"放管服"改革，不断理顺政府与市场、政府与社会之间的关系，建设服务政府、有限政府、法治政府和数字政府，主要做法如下。

（一）优化政府组织机构

广东省政府组织机构优化是通过大部门体制改革实现的。大部门体制是指将那些职能相近的部门、业务范围趋同的事项相对集中，由一个部门统一管理，能最大限度地避免政府职能交叉、政出多门、多头管理，从而提高行政效率，降低行政成本。需要指出的是，大部门体制改革并不是指要把政府部门组织机构做大，其真正核心要义在于政府职能的优化。广东省大部门体制改革以市县机构改革为起点，2009 年确定深圳市和顺德区为大部门体制改革的市级和县级的试点[1]，大胆借鉴新加坡和我国香港地区的经验，探索如何有效转变政府职能，实行职能有机统一的大部门体制。深圳市和顺德区的大部门体制改革各具特色，深圳市的大部门体制改革以"行政三分"为制度骨架，搭建"委""局""办"三类政府部门，构建"决策、执行、监督"相互制约、协调的新机制和政府架构，政府部门由 46 个精简至 31 个。[2] 顺德区早在 1984 年便开始进行县级机构改革，1992 年实施县级政府最早的大部门体制改革试验，在实行党政机构综合设置改革的基础上，还整合了群团组织和部分省、市垂直管理单位。[3] 2009 年进一步以"党政联动"为改革突破口，创新决策、执行、监督机制，推行决策民主化和扁平化、执行集中化、监督外部化和独立化的大部门体制改革，将 41 个党政部门压缩为 16 个，是顺德历史上机构"瘦身"幅度最大、涉及面最广的一次改革，也被外界誉为迄今为

---

① 黄挺：《广东行政体制改革的新突破》，《南方日报》2013 年 3 月 4 日。
② 黄挺：《广东行政体制改革的新突破》，《南方日报》2013 年 3 月 4 日。
③ 张瑞：《行政管理体制改革的新尝试——关于广东省顺德区行政管理体制改革的调研与思考》，《中国特色社会主义研究》2010 年第 6 期。

止"最大胆"的大部门体制改革。随后珠海、佛山、汕头、阳江、湛江等地市纷纷效仿深圳、顺德开展大部门体制改革。如 2014 年汕头市濠江区以"大规划""大经济""大建设""大执法"搭建职能架构,整合职能相近或交叉的部门,统筹党政机构设置,精简机构超过 1/3;① 湛江整合"四套班子"办公室 13 个机构,成立市机关事务管理局,不再新增财政供养的后勤人员,人员管理只出不进。② 珠海市政府工作部门由 36 个减为 27 个,精简 25%,新建、撤并、职责调整的党委机构 8 个,调整比例达党委工作机构总数的1/2。③

(二)理顺政府管理层级

虽然《中华人民共和国宪法》规定地方行政区划体系分为省、县、乡三级,而在实际中,在省县之间却存在着一级建制——地区或地级市,并逐渐形成了市管县的格局,广东省也不例外。市管县体制的发展延续有着非常复杂的原因,但随着市场经济特别是区域经济的发展、行政治理环境和手段的变化,因政府层级过多而导致的问题日益显现,如产生影响行政管理高效运转、市县争利影响县域经济发展、市区经济规模小不足以带动县域经济的发展等问题。而广东省作为改革开放的先行地,以乡镇企业为代表的镇域经济、县域经济高速发展,不少镇(街)、县(区)成为经济总量大、人口密度大、行政管辖区域大的特大镇(街)、县(区),不少地市存在"小马拉大车"的问题,规模较大的县(区)、镇(街)缺乏必要的经济社会管理权限,难以有效开展公共服务。因此,广东省在多地探索优化行政管理层级,将一些相邻的村级行政区域、乡镇级行政区域、县区行政区域进行优化合并,弱化市级行政区域,将现有市级政府管辖范围缩小到现有地级市城区,实行"省直管县(市)"。④ 2009 年起,东莞、佛山、中山率先试行简政强镇改革。其中

---

① 中央党校第 15 期中青二班四支部广东汕头调研组等:《建设阳光法治政府——广东汕头深化行政体制改革的探索》,《中国党政干部论坛》2016 年第 1 期。

② 范琛、崔财鑫、汪良波:《湛江:深化行政体制改革 激发崛起强大动力》,《南方日报》2013 年 12 月 9 日。

③ 赵宇青:《珠海行政管理体制改革成效良好》,《珠海特区报》2010 年 2 月 4 日。

④ 戴昌桥:《广东深化治理现代化改革的着力点》,《中国行政管理》2014 年第 6 期。

佛山顺德区改革最具代表性，顺德按照"一级政府"的定位对各权力主体的职能定位和管理权限进行重构，赋予容桂街道县级管理权限实行简政放权，将区一级的市场监管、产业发展、社会管理、公共服务、城市建设等方面3197项职权移交镇街一级政府行使。① 在社区建立市民服务中心，成立街道公共决策和事务咨询委员会，人事和经费管理权限回归街道和居委会，增强街道和居委会的社会服务和管理能力。其他市县如阳江通过直接放权、委托放权、内部调整管理权限和服务前移等方式，下放经济社会管理权限给镇街道。湛江也通过在奋勇经济区和南三岛滨海旅游示范区进行财政和税收改革，在财政体制上将其两者视为独立区级政府管理，并加大税收和其他非税收入（含土地出让金）的返还力度，大大增强奋勇经济区和南三岛滨海旅游示范区的财权。

（三）大力推进"放管服"改革

尽管"放管服"改革的提法是李克强总理在2016年国务院召开全国推进"放管服"改革电视电话会议上提出的。但无独有偶，以"放管服"为逻辑的改革也在很大程度上诠释了广东省过去40多年的治理现代化改革。

1. "放"——简政放权

（1）行政审批改革

简政放权指政府转变职能，有效地向市场主体、社会组织、公民个人等下放行政权限，达到明确政府与市场、政府与社会边界的目的，更好发挥政府的作用。简政放权的成效很大程度上可以由行政审批改革的成效体现出来。广东省先后开展了多轮行政审批制度改革，坚持"宽准入、少审批、严监管"的原则，通过支持市场和社会自我调节，向社会组织转移，向下级政府下放等方式，大幅减少行政审批事项，并形成了《广东省人民政府行政审批制度改革目录》等规范性文件。仅在2009年的行政审批制度改革中，广东省政府取消和调整行政审批事项就达到5070多项。② 除了省政府层面的行政审批制度改革，市县层面的改革也不断稳步推进，取得积极成效。深圳市在1997年

---

① 张培发：《行政体制改革的"顺德样本"》，《南方日报》2012年10月14日。
② 黄挺：《广东行政体制改革的新突破》，《南方日报》2013年3月4日。

开始行政审批制度改革，1998 年 2 月公布《深圳市政府审批制度改革实施方案》，一年后正式颁布《深圳市审批制度改革若干规定》，对市政府审批事项进行了全面清理、调整和规范。① 2011 年汕头市开创了全省"开门"清理行政审批的先例，首次就行政审批事项清理公开征求公众意见，突破了传统只有政府内部清理，没有社会参与清理的局限，当年就取消审批事项 40 项，下放审批事项 29 项，保留审批事项仅有 171 项（许可 118 项、非许可 53 项），比原有的 253 项减少 82 项，减幅达 32%。② 珠海市 2013 年行政审批事项由 1881 个精减到 1344 个，减少 29%，并且进一步优化行政审批程序，如将建设工程项目 29 个审批环节压缩为 5 个环节，审批时限从 216 个工作日压缩为 35 个工作日。③

（2）事业单位改革

事业单位是具有鲜明中国特色的组织机构，是政府与市场之间的"缓冲带"，具有种类多、规模大，但功能定位不清的特点，长期以来处于一头"行政化"、一头"市场化"的"两不像"的尴尬境地，存在政事不分、事企不分、管办不分等问题。2007 年，广东省按照"试点先行、以点带面、先易后难、稳中求进"的思路，率先拉开事业单位改革的序幕，④ 2007 年在原人事厅、水利厅、原环保局等省直部门和佛山市进行事业单位分类改革试点，⑤ 2010 年出台《广东省事业单位分类改革的意见》，全面启动省、市、县三级事业单位改革。主要的做法：一是通过分类改革优化事业单位结构。将事业单位分为三大类，即承担行政职能的行政类事业单位、从事公益服务的公益类事业单位和从事生产经营活动的经营服务类事业单位，并对不同类别的事业单位实施不同的改革方式和措施。二是促进政事分开，转变事业单位职能。

① 王慧农：《建立机构精干 职能明确 动作有序 行为规范的新体制——深圳经济特区行政管理体制改革探索》，《特区理论与实践》2000 年第 9 期。

② 郑梦婕：《汕头大刀阔斧改革行政管理体制"开门"清理审批事项省内首创》，《汕头日报》2011 年 11 月 21 日。

③ 裴季壮：《细化监督 推进落实——珠海市发挥机关党组织优势助推行政体制改革》，《紫光阁》2014 年第 3 期。

④ 肖志恒：《率先试点 探索新路 稳步推进事业单位改革》，《中国机构改革与管理》2012 年第 4 期。

⑤ 肖志恒：《率先试点 探索新路 稳步推进事业单位改革》，《中国机构改革与管理》2012 年第 4 期。

通过推动政府、事业单位和企业职能的归位，厘清各自职责边界，通过管办分离，剥离事业单位的政府职能。三是创新事业单位的体制机制，增强公益服务能力和活力。如完善政府购买服务制度、法人治理结构、绩效工资制度、劳动合同聘用制度等等。2010 年广东事业单位改革就减少事业单位 4500 多个、编制约 7 万名、人员约 5 万人。① 省属事业单位减少机构 119 个、收回事业编制 1 万多名。② 特别要指出的是，广东省在学习新加坡和我国香港地区法定机构设定的基础上进行的事业单位法定机构制度改革，被视为是解决了事业单位分类改革的"第四条道路"，③ 也是全国首创的事业单位改革方式。法定机构改革是指依法设立公共服务机构，按事业法人登记，通过约定方式履行法定职责，实行理事会决策、中心主任执行的管理体制，能有效地"去行政化"，实现公益服务绩效的最大化。2011 年深圳设立前海深港现代服务业合作区管理局，是我国第一个地方立法的法定机构。④ 在实践中有效地解决了事业单位体制与发展不相适应、政事职责不清、内部运转不灵活、监督机制不完善等突出问题。

2. "管"——加强监管

（1）转变市场监管模式

通过"商事登记"制度改革加强市场监管，商事登记制度改革是指由注册资本实缴登记制改为注册资本认缴登记制，取消了原有对公司注册资本、出资方式、出资额、出资时间等硬性规定，取消了经营范围的登记和审批，从以往的"重审批轻监管"转变为"轻审批重监管"。商事登记改革对于治理现代化改革而言，最大的意义在于理顺政府与市场之间的关系，使政府更科学可靠地发挥市场监管的作用，而不是在微观行为上过多干预市场，发挥市场在经济投资中的决定性作用。广东省于 2012 年开始商事制度改革，2015年"三证合一、一照一码"实现省域全覆盖，而省各职能部门主动适应"宽

---

① 肖志恒：《率先试点 探索新路 稳步推进事业单位改革》，《中国机构改革与管理》2012 年第 4 期。

② 易丽丽：《广东事业单位改革"第四条路"》，《决策》2012 年第 Z1 期。

③ 曹凯：《广东 增强信息公开程度 促进透明政府建设》，《计算机与网络》2015 年第 9 期。

④ 孟喜悦：《广州市"阳光行政"的实践探索与启示》，《广东广播电视大学学报》2010 年第 4 期。

进严管"改革需要，大力推行企业信用监管，落实企业信息公示制度，改年检验照为年度报告，改日常巡查为抽查监管等制度建设，并在深圳、惠州、揭阳、珠海、肇庆、东莞、顺德等地开展商事登记制度改革试点。截至 2016 年年底，广东省实有各类市场主体 896.63 万户，较 2015 年年末增长 15.55%，占全国市场主体总量的 1/10；注册资本（金）27.56 万亿元，比 2015 年年末增长 45.24%。①

（2）推行行政综合执法

行政综合执法的目的是解决长期以来政府部门职责交叉、多头执法、执法扰民等问题，维护市场经济秩序和公共秩序。自 1997 年以来，广东省先后在广州、深圳、珠海等地开展相对集中的行政处罚权改革。② 1998 年，深圳市在罗湖区开展行政综合执法检查和处罚改革，成立区行政执法检查局，在区内统一行使市级机关的执法检查权和处罚权，并将区内旅游、城管、文化、环卫、医疗、计划生育、房屋租赁等部门行使的执法检查权和行政处罚权集中起来统一行使，将区内原有的 20 多支执法队伍变成一支，执法人员由 560 多人减少到 140 多人。③ 2005 年，广东省又在广州、佛山、江门、东莞等地进行城市管理综合行政执法改革，并在省、市和县三级政府推动环境保护、交通运输、安全生产监管、文化市场、国土资源、城市管理等领域的综合行政执法改革。2012 年选择在珠海、惠州、湛江、顺德区及其他地级市的 1 个县（市、区）开展行政执法体系改革。④ 如广州市荔湾区成立荔湾区综合行政执法局，将全区划分为 500 个执法网格，整合城管、卫生、环保、文化、交通、食药、安监等 12 个部门的编制和执法职责，开展综合执法。⑤

3. "服"——优化服务

（1）建立行政服务中心

行政服务中心具有"一站式服务、并联式审批、阳光下作业、规范化管

---

①　傅春荣：《广东首创容缺受理　商事制度改革迈大步》，《中华工商时报》2017 年 2 月 16 日。
②　胡良光、曾妮：《广东深化行政执法体制改革的探索》，《南方日报》2012 年 10 月 26 日。
③　王慧农：《建立机构精干　职能明确　动作有序　行为规范的新体制——深圳经济特区行政管理体制改革探索》，《特区理论与实践》2000 年第 9 期。
④　李志红：《广东深化行政执法体制改革的探索》，《中国机构改革与管理》2016 年第 9 期。
⑤　胡良光、曾妮：《广东深化行政执法体制改革的探索》，《南方日报》2012 年 10 月 26 日。

理"的特点，是为了建设便民、规范、高效和廉洁的服务型政府而设立的公共审批服务机构，大大方便了群众办事。改革开放 40 多年来，广东省、市、区（县）、镇四级政府相继成立了行政服务中心，不断为群众提升公共服务的质量。各级政府部门通过将行政审批职能向内设机构集中，然后将内设机构向行政服务中心集中，审批权也同时向行政服务中心集中的所谓"三集中"改革，行政服务中心基本上能提供实现一个窗口受理、"一站式"审批、"一条龙"服务的"一站式"服务。[1] 如 2007 年汕头市成立市级行政服务中心并推行审批承诺制。[2] 湛江市创建出行政服务中心的"湛江模式"，即形成实体办事大厅、网上办事大厅、公共资源交易平台、"12345"服务热线、"四位一体"的优质高效政务服务体系。[3] 茂名高州市构建起以市行政服务中心为核心、镇（街道）行政服务中心为支撑、村（社区）便民服务站为辐射的横向到边、纵向到底的"三级政务服务体系"。[4] 2015 年江门市蓬江区创建"邑门式"行政服务中心改革，在棠下、荷塘、环市、潮连及白沙街创建五个"邑门式"公共服务中心，各中心整合公安、社保和民政等服务事项，可以办理与居民生活息息相关的 385 项公共审批业务。[5]

（2）构建"广东省网上办事大厅"

2012 年广东省网上办事大厅正式上线服务，一个月的试运行访问量已达 127 万次。[6] 广东省网上办事大厅着重突出"办事"和"审批"功能，具有"政务公开、网上办事、投资审批、政民互动、效能监察"五大功能。到

① 中央党校第 15 期中青二班四支部广东汕头调研组等：《建设阳光法治政府——广东汕头深化行政体制改革的探索》，《中国党政干部论坛》2016 年第 1 期。

② 郑梦婕：《汕头大刀阔斧改革行政管理体制"开门"清理审批事项省内首创》，《汕头日报》2011 年 11 月 21 日。

③ 范琛、崔财鑫、汪良波：《湛江：深化治理现代化改革 激发崛起强大动力》，《南方日报》2013 年 12 月 9 日。

④ 茂名高州市编办：《茂名高州市建成市、镇、村三级行政服务中心》，http：//mmbb. maoming. gov. cn/，2015 年 2 月 28 日。

⑤ 江门市蓬江区编办：《江门市蓬江区全面铺开"邑门式"行政服务方式改革》，http：//www. gdbb. gov. cn/gdbb/gdgzdt/201511/5e45d9dd77e54bed93935cdec0952668. shtml，2015 年 11 月 13 日。

⑥ 马海洋：《广东省网上办事大厅正式开通 突出办事和审批功能》，http：//www. chinanews. com/gn/2012/10 - 19/4261875. shtml，2012 年 10 月 19 日。

2017 年，"粤省事"移动民生服务上线，提供政务服务事项 142 项，[①] 使手机和平板电脑也可方便接入政府网络，实现"指尖上政务办事"。事实上，广东省电子政府是从推进信息化建设开始的，20 世纪 90 年代中期就在佛山开展信息化试点探索，以信息化推动工业化，并构筑电子政府基础架构，建设政府专用网络平台。2000 年佛山各政府部门建立独立网站、专用电子邮箱等平台发布信息受理政务。[②] 目前，佛山市政务网已建成上接广东省政府，横联市直各部门，下与辖区、镇四级政府相通的立体化网络，在线上政务网便能实现民生政务服务的全覆盖。其他地市如汕头市也大力推进网上互联互通行政审批和公共服务综合信息系统——"汕头政府在线"建设，倒逼行政服务优化和行政效能提升，努力实现公共服务一体化。[③] 而湛江网上办事大厅具有网上办事、政务公开、政民互动、投资审批、手机移动版网上办事等功能，涵盖55 个部门、1104 个事项，全部实现与省网同步，可在网上全程受理业务。[④]

二、广东治理现代化的经验

（一）坚持问题导向

问题导向是指以解决问题为方向，少做和不做与解决问题无关的工作。马克思在《莱茵报》第 137 号附刊《集权问题》中提出：世界史本身，除了通过提出新问题来解答和处理老问题之外，没有别的方法。他还说，问题就是公开的、无畏的、左右一切个人的时代的声音。问题就是时代的口号，是它表现自己精神状态的最实际的呼声。[⑤] 问题导向不但是一种工作方法，而且

---

① 《数字广东首个成果"粤省事"移动民生服务正式上线》，腾讯·大粤网，http://gd.qq.com/a/20180521/021243.htm，2018 年 5 月 21 日。

② 武树帜、李美清：《推行电子政务　改进管理方式——广东佛山市深化行政管理体制改革探索》，《中国行政管理》2003 年第 3 期。

③ 中央党校第 15 期中青二班四支部广东汕头调研组等：《建设阳光法治政府——广东汕头深化行政体制改革的探索》，《中国党政干部论坛》2016 年第 1 期。

④ 范琛、崔财鑫、汪良波：《湛江：深化行政体制改革　激发崛起强大动力》，《南方日报》2013 年 12 月 9 日。

⑤ 《马克思恩格斯全集》第 40 卷，人民出版社 1982 年版，第 289—290 页。

是一种工作态度——对工作的不断反思和升华。广东治理现代化改革就是以治理体制不再适应经济社会发展需要这一根本问题作为出发点，通过发现政府职能、组织机构、政府层级、服务能力、依法行政能力、财政税收分配、行政水平和能力等方面的问题，集中力量解决这些问题来推进治理现代化的改革。而政府问题的主要表现是政府的"越位""缺位""错位"，也就是政府与市场、政府与社会的关系还没有理顺好。因此，回顾广东省治理现代化改革，会发现"问题意识"十分明显，把改革的有限资源用在改革的突出问题上，是广东省治理现代化改革成功的经验之一。

（二）"摸着石头过河"大胆开展试点

陈云同志在1980年12月在中央工作会议上说，"我们要改革，但是步子要稳。……随时总结经验，也就是要'摸着石头过河'"。邓小平同志对"摸着石头过河"这一说法表示完全赞同。①"摸着石头过河"意味着只能走一步看一步，没有现成的工作模式和经验可以借鉴，需要在实践中摸索前行。这既是一种工作方法，也是一种工作哲学。从工作方法而言，"摸着石头过河"强调的是实践的重要意义，要开展切实的工作进行摸索探索，在摸索中探寻工作规律，不能纸上谈兵虚张声势；在工作哲学上讲就是"实践出真知"，在没有标准之前，实践是检验真理的唯一标准。因此可以看到，广东省治理现代化改革也是遵循"摸着石头过河"的工作方式，在改革的过程中，采取试点探索、投石问路的方法，先行试点，鼓励探索，鼓励创造，取得经验后再推广。如深圳和顺德在大部门体制改革中代表地级市和县级市的率先试点改革；珠海在社会管理体制改革方面先行一步；佛山在行政综合执法体制改革方面走在全省前列；封开、紫金、兴宁等县开展省直管财政试点；等等。"摸着石头过河"不但是我国改革开放的一大策略，同时也是广东省治理现代化改革的成功经验。

（三）把推动经济发展作为改革的重要目的

广东虽然处在全国改革开放的前沿阵地，但改革之初也可谓是"一穷二

---

① 中共中央文献编辑委员会编：《陈云文选》第三卷，人民出版社1995年版，第279页。

白"，因此，过去40多年治理现代化改革，着眼点首先是如何在有限的条件下创造出推动广东经济快速发展的制度环境。因此，广东省的治理现代化改革与经济体制改革密不可分，治理现代化改革的价值导向在很长的一段时间都是服务于经济体制的改革，如通过治理现代化改革使政府不断理顺与市场的关系，让市场在资源配置中发挥的作用越来越重要，从辅助性的作用到基础性作用再到决定性的作用，市场经济在广东不断发展壮大，成就了广东过去的高速发展。政府职能的不断转变优化，行政服务中心的建设和完善，政府慢慢成为各种市场参与主体的服务者和监督者，而不再是市场资源的垄断者。特别是商事登记制度的改革，从以往的"重审批轻监管"向"轻审批重监管"的转变，使政府更科学可靠地发挥市场监管的作用。又如政府不断提高的办事效率，持续优化的办事程序，为市场主体创造了一个方便快捷的政务环境，契合市场经济讲求的快节奏和高效率。而且通过财政税收体制的不断优化，切实为市场主体减轻财政负担的同时，激发市场主体的创新活力，涌现出如深圳这样的全国一流的创新型城市，引领着社会经济向着更高层次发展。

（四）坚持法治道路的正确导向

人治还是法治，是治国理政不能绕开的话题。人治的不确定性已经被历史沉重地证明是不可取的，唯有法治的道路和方式，才是治国理政的唯一正确选择。党的十九大提出全面依法治国是国家治理的一场深刻革命，是对40多年改革开放成果的总结和再一次肯定。广东省治理现代化改革就是一直朝着建立法治政府的目标前进，如行政执法的文明和依法程度是一个政府法治建设程度的直接反映，广东省通过行政综合执法的改革，将多部门或部门内多机构的法定执法职责综合到一个行政机关统一行使，通过合理界定各层级各部门政府执法权限，减少行政执法层级，推动行政执法重心下移，通过健全管理制度和执法机制，严格行政执法队伍管理，完善和公开行政执法程序，健全行政执法与刑事司法衔接机制，加强重点领域的执法力度等改革，基本构建起一个现代化的综合执法体系。不但如此，合理界定政府的行政边界也是法治政府的重要特征。因此广东省大力推动省和市、县政府编制权责清单，根据不同层级政府的事权和职能，全面梳理省和市县政府及各部门行政权责清单。目前，广东省级政府和 21 个地级市政府已经完成权责清单的编制工作，并在各自的政府网站上向社会公布。自此，广东省及各地级政府的行政"有限"边界已经日渐清晰，依法治国、依法行政的制度笼子已经慢慢成型。

（五）充分利用现代化信息技术辅助改革发展

习近平总书记曾反复强调，要提高社会治理社会化、法治化、智能化、专业化水平①。因为大数据技术通过对数据的智能化处理，实现对数据价值的挖掘，能够找到事物之间的关联性和规律性，更好地认识社会现象的本质，进而促进社会治理决策科学化，提高社会治理效能。现代化信息技术就是现代科技的重要代表，广东省治理现代化快速发展和进步很大程度上得益于在治理现代化改革的过程中不断运用现代化信息技术。如运用现代化信息技术改造行政审批流程，颠覆了传统的行政审批流程，实现了行政审批流程的再造，改变了过去不公开、不透明和暗箱操作的状况。佛山市"行政终端"系统的开发，使得办理行政审批事项不用跑腿、不用到现场、不用与办事员见面成为可能，不仅能大幅度地缩短办事时间，而且能有效预防腐败，因为根本不需要与办事员面对面，这种颠覆性的进步正是得益于充分利用现代化信息技术而获得的。又如广东省网上办事大厅通过微信、微博、客户端和网站平台等各种方式使省市县各级政府直接与大众建立起联系，使政务服务成为"指尖服务"，使政务服务 24 小时不打烊，大大地方便了群众办事。

三、广东治理现代化的展望

（一）党政机构的进一步优化整合

从改革开放到党的十九大召开之前，从国家层面来讲，进行过七次行政机构改革，但过去的这七次机构改革，要么是"政府机构改革"，要么是"党的机构改革"，并没有冠以"党和国家机构改革"之名。党的十九届三中全会

---

① 习近平：《决胜全面建成小康社会　夺取新时代中国特色社会主义伟大胜利——在中国共产党第十九次全国代表大会上的报告》，人民出版社 2017 年版，第 49 页。

确定的党和国家机构改革方案所涉及的公共部门和机构的面最广、数量最多、党政结合得最紧密，比以往七次行政机构改革都更具有综合性。这次党和国家机构改革的最大特点就是把党中央机构改革列在首位。① 因此，按照党和国家机构改革的方向和要求，广东省必须进一步整合优化省、市和县的党和政府机构。具体而言，一是广东省需要进一步完善地方各级党的机构。虽然顺德在党政机构改革中走在地方机构改革前列；但整体而言，广东省各级政府党政机构的优化整合还没完成，还需要进一步加强，例如大部门体制改革要覆盖到 21 个地市，并且要向县级镇级铺开，才能达到与省和中央改革相对应。二是地方各级的议事协调机构需要进一步精简。如以解决事项而设立的名目繁多的临时办公室，需要进一步精简，不能因一事而设立一个临时机构，造成另一种机构扩张，抵消大部门体制改革的积极作用。三是进一步理顺事业单位职能定位。在分类改革、设立法定机构改革的基础上，还要进一步对目前事业单位的性质和功能进行科学界定，并且要向地方基层各级纵深推进事业单位改革，如要继续对省、市、县级行政学院（党校）等事业单位的性质进行科学界定，解决"双轨制"事业单位的管理难题。

（二）深化"放管服"改革

李克强总理在 2019 年政府工作报告中提出要深化"放管服"改革。"放"指的是简政放权，其实是强调政府职能的优化，进一步明确政府职能定位，牢牢编制起"权责清单"的有形边界，通过"放"来达到政府职能明晰、权责统一的目的；"管"指的是放管结合，主要是指改变监管的流程与方式，科学重置政府监管的重点领域和重点环节，运用互联网、大数据、云计算等先进科学技术改善监管的效果；"服"指的是优化服务，就是要使政府的管理服务达到"善治"，使政府真正成为为老百姓着想和为老百姓提供最优公共服务的服务机构。"放管服"改革是新时代治理现代化改革的逻辑起点和重点环节。尽管广东省在深化行政审批制度改革、商事登记制度改革、建立行政服务中心和构建"广东省网上办事大厅"服务平台等方面不断深化"放管服"

---

① 许耀桐：《党和国家机构改革：若干重要概念术语解析》，《上海行政学院学报》2018 年第 5 期。

改革，但离李克强总理强调的"自我革命……用政府减权限权和监管改革，换来市场活力和社会创造力释放"的要求还存在一定差距。① 首先要在提高下放权力含金量，压缩行政权力自由裁量权空间，编制科学合理、标准化可操作的政府权责清单等方面继续深化"放"的改革；其次要补齐事中事后监管"短板"，形成事中事后监督的管理机制和跨部门、跨行业综合监管体系，来充实"管"的改革；最后要在完善公共服务平台的基础上，加大公共服务供给，特别是基层民生公共服务供给，在借助便利信息化手段的基础上，将公共服务有效地覆盖到基层，特别是要补齐公共服务基层"最后一公里"的短板和实现公共服务"最多跑一次"的效能提升。

（三）建立政务服务标准化体系

政务服务标准化是政务服务和标准化相结合，以形成共同使用或者是重复使用的标准，实现政务活动的可量化、可操作、可审核的管理行为。政务服务标准化建设是深化治理现代化改革的必然要求。标准化有利于政务服务由人治模式转变为法治模式，实现"认流程不认面孔、认标准不认关系"的流水线无差别服务；标准化有利于促进政务服务效率和质量的不断提高，为服务型政府建设提供有力的支撑；标准化有利于解决政务服务的突出问题，促进"放管服"改革三者之间的有机衔接。例如，当前广东省政府虽然大刀阔斧减少了行政审批事项，但不同地方不同部门对相同的行政审批事项的审批要件不一致、审批流程不相同和审批时限不一样的问题比较突出；甚至对"行政审批事项"等的概念也缺乏清晰的定论，对认可、备案、许可、认定、审批、核准等五花八门的行政审批事项没有清晰的分解和归类；行政监管也同样存在这一类的问题，因为政务服务的标准不一样，同样的行为，有的地方和部门会认定其为合规行为，有的则认为是不合规行为，同样的申请事项，在有的地方和部门能通过审批，有的不能通过审批。又如因为当前广东省政务服务标准化程度不高，一些试点改革的地方所定的标准太高、特色标准太多、差异化标准太明显，能够顺利复制推广的经验（标准）不多，导致很多

---

① 王政淇、赵纲：《李克强："放管服"改革要相忍为国、让利于民》，http：//politics. people. com. cn/n1/2016/0509/c1001-28336896. html，2016年5月9日。

"摸着石头过河"的改革试点经验不能在全省铺开，造成了试点作用的式微。因此，广东省要继续深入治理现代化改革，必须把政务服务标准化重视起来，不断提升政务服务标准化水平。

（四）社会治理重心向基层下移

除珠三角个别地区以外，总体而言，广东省的县级镇级基层政府普遍存在公共服务"供需不协调"的矛盾。这种矛盾表现在基层政府要对接的上级政府和部门数量多而复杂，承担着繁重的行政职责，正所谓"上面千条线，下面一根针"；但同时，基层政府又是直接面对老百姓，直接和老百姓打交道的最低层级政府，面临着大量的社会纠纷调解和公共服务供给等压力，相比起上级政府和上级部门，基层政府的人、财和权都是缺乏的，不能发挥社会治理和公共服务供给应有的作用。因此，广东省需要把社会治理的重心向基层下移，发挥县级镇级基层政府在社会治理和公共服务供给中的主导作用。首先要给基层政府松绑，也就是要给基层政府简政放权，不该由基层政府承担的行政职能不能随便下放给基层政府，要将基层政府的职能转向老百姓强烈需要的公共服务、社会治理、环境保护和公共基础设施供给这些方面上来；其次要增加基层政府的财政投入和人力投入，确保基层政府履行公共服务和其他社会服务的过程中有足够的财力和人力保障；再次要基层政府需要严格依法办事，严格履行政府职能，要把自己该管的管到位、管得住、管得好，也不能随便把自身的职能下放到基层自治组织，严格厘清与基层自治组织的权责边界，同样，不该管的同样不能乱管，保证基层群众自治组织的自治权利充分行使；最后要着力于基层政府机构设置的优化，因为机构是政府职能履行的载体，政府职能履行的好坏与政府机构设置是否科学合理密切相关。

（五）形成多元社会治理格局

社会治理是指政府、社会组织、企事业单位、社区以及个人等多种主体通过平等的合作、对话、协商、沟通等方式，依法对社会事务、社会组织和社会生活进行引导和规范，最终实现公共利益最大化的过程。习近平总书记对广东提出"四个走在全国前列"的要求之一是"在营造共建共治共享的社会治理格局上走在全国前列"①，"共建共治共享"的提出其实暗含着社会治理主体多元的科学判断，因此广东省新时代治理现代化改革必须要致力于形成一个多元社会治理格局，发挥多元社会治理主体共建共治的作用。具体而言，首先要构建起多元的社会治理主体，即发挥党组织在社会治理中的领导核心作用，发挥政府在社会治理中的主导作用，发挥群众性自治组织在社会治理中的基础作用，发挥社会力量在社会治理中的协同作用。其次要继续加大政府购买社会服务。政府购买社会服务是提高公共服务供给的质量和财政资金的使用效率，改善社会治理结构，满足公众的多元化、个性化需求的重要手段，政社互动合作的显著表现。广东省各级政府要加大对社会购买服务的重视，要建立严格的购买监督评价机制，全面公开购买服务的信息，建立由购买主体、服务对象及第三方组成的评审机制，评价结果向社会公布等的机制，保障和引领政府购买公共服务的发展，辅助和支持社会组织发展，形成"小政府大社会"的多元社会治理格局。

（六）科学技术融入公共服务更加人性化

先进科学技术如互联网、大数据和云计算等目前已大量融入公共服务，以佛山市商事登记审批为例，已经可以通过自主一体机进行申请而无须人工服务，申请办证时间由原来的十多天缩短为十几分钟，先进科学技术特别是信息化技术的应用已经使公共服务的速度和效率大幅提升；但不可忽视的是，要在讲求公平正义的公共管理领域，面对复杂多变和情绪化的社会，追求为人民服务的善治价值，只有先进的科学技术显然是不足够的，还需要人性化的服务作为补充。把"冰冷"的技术和"温暖"的服务结合在一起，是未来广东省公共服务需要致力完善的地方。例如，如何辅助残障人士上网，如何针对技术运用不适者保留既往的办事空间，如何针对不同的公众提供多元的办事方式，如何使公众在线上线下获得相当的办事效率，这些都是公共服务的关键环节，只有解决了这些问题，才能真正提高公共服务供给的质量，达到真正为人民群众提供公平、可及的公共服务的目标。

---

① 徐林、岳宗：《牢记总书记殷殷嘱托 奋力实现"四个走在全国前列"》，《南方日报》2018年3月22日。

主要参考文献

一、著作类

1. 陈瑞莲编著：《广东行政改革研究》，中山大学出版社 1999 年版。

2. 陈天祥、吴海燕等：《中国地方政府大部制改革模式研究——来自珠三角的调查》，社会科学文献出版社 2017 年版。

3. 陈天祥等：《广东行政管理体制改革 40 年：1978—2018》，中山大学出版社 2018 年版。

4. 丁凯：《落地生根——积分制改革与人的城镇化新思路》，中国青年出版社 2015 年版。

5. 丁旭光、黄丽华等：《超大城市：基层社会治理实证研究》，广州出版社 2017 年版。

6. 黄恒学、张勇主编：《政府基本公共服务标准化研究》，人民出版社 2011 年版。

7. 黄丽华、丁旭光等：《创新社会治理体制——基于广州的经验研究》，广东经济出版社 2014 年版。

8. 顾平安：《简政放权与行政审批制度改革——政府治理现代化推进报告（第 1 辑）》，国家行政学院出版社 2016 年版。

9. 广东省发展和改革委员会编：《2016 年广东省国民经济和社会发展报告》，广东人民出版社 2016 年版。

10. 广东省发展和改革委员会编：《2017 年广东省国民经济和社会发展报告》，广东人民出版社 2017 年版。

11. 广东省工商行政管理局编著：《广东省商事登记制度改革探索》，中国工商出版社 2014 年版。

12. 《国家新型城镇化规划（2014—2020 年）》，人民出版社 2014 年版。

13. 李芝兰、岳经纶、岳芳敏、梁雨晴编：《中国行政改革粤港的探索与启示》，中山大学出版社 2014 年版。

14. 沈荣华主编：《政府大部制改革》，社会科学文献出版社 2012 年版。

15. 王保树主编：《商法》，北京大学出版社 2011 年版。

16. 魏礼群主编：《建设服务型政府：中国行政体制改革 40 年》，广东经济出版社有限公司 2017 年版。

17. 中共顺德区委顺德区人民政府等编：《新跨越新坐标新起点——顺德行政体制改革一周年》，中共广东省委南方杂志社 2010 年版。

18. 中共中央文献编辑委员会编：《陈云文选》第三卷，人民出版社 1995 年版。

19. ［美］W. 理查德·斯科特、杰拉尔德·F. 戴维斯：《组织理论——理性、自然与开放系统的视角》，高俊山译，中国人民大学出版社 2011 年版。

20. ［挪威］斯坦因·U. 拉尔森主编：《政治学理论与方法》，任晓等译，上海人民出版社 2006 年版。

二、论文类

（一）期刊论文

21. 薄贵利：《稳步推进省直管县体制》，《中国行政管理》2006 年第 9 期。

22. 曹凯：《广东　增强信息公开程度　促进透明政府建设》，《计算机与网络》2015 年第 9 期。

23. 陈家刚：《党政联动式改革的样本：顺德大部制改革研究》，《广东行政学院学报》2018 年第 3 期。

24. 戴昌桥：《广东深化行政体制改革的着力点》，《中国行政管理》2014 年第 6 期。

25. 李志红：《广东深化行政执法体制改革的探索》，《中国机构改革与管理》2016 年第 9 期。

26. 冯贵霞：《党的十九大后新一轮大部制改革的内容与特点》，《理论与改革》2018 年第 4 期。

27. 高富平、孙英：《行政审批标准化管理的内涵、作用和局限性》，《晋阳学刊》2014 年第 4 期。

28. 辜胜阻：《通过特大镇改市推进城市化科学发展》，《区域经济评论》2017 年第 3 期。

29. 顾平安：《加快推进行政审批制度改革的二次设计》，《中国行政管理》2015 年第 6 期。

30. 广东省编办：《广东全面推行行政审批标准化》，《中国机构改革与管理》2018 年第 7 期。

31. 广州市荔湾区编办、荔湾区政务办：《广州市荔湾区创新推进行政审批标准化》，《中国机构改革与管理》2018 年第 7 期。

32. 何显明：《从"强县扩权"到"扩权强县"——浙江"省管县"改革的演进逻辑》，《中共浙江省委党校学报》2009 年第 4 期。

33. 黄冬娅、陈川慜：《地方大部制改革运行成效跟踪调查——来自广东省佛山市顺德区的经验》，《公共行政评论》2012 年第 6 期。

34. 黄小勇：《政府流程再造视野下的行政审批标准化建设》，《行政管理改革》2012 年第 4 期。

35. 黄勇、董波、沈洁莹、禚振坤、王辰：《特大镇培育为新生中小城市的初步设想——以浙江特大镇为例》，《城市发展研究》2016 年第 8 期。

36. 黎巧能：《行政许可标准化的广东实践》，《中国机构改革与管理》2016 年第 12 期。

37. 李雪伟、杨胜慧：《"镇级市"和"副县级市"两种设市模式的评估和比较》，《城市问题》2018 年第 9 期。

38. 李颖：《行政审批"南海标准"在广东全省推广》，《中国质量万里行》2016 年第 6 期。

39. 刘玉蓉：《广东省"简政强镇"改革后的路径完善探析——以佛山市顺德区容桂街道为个案》，《探索》2011 年第 6 期。

40. 陆军：《省直管县：一项地方政府分权实践中的隐形问题》，《国家行政学院学报》2010 年第 3 期。

41. 孟喜悦：《广州市"阳光行政"的实践探索与启示》，《广东广播电视大学学报》2010 年第 4 期。

42. 裴季壮：《细化监督　推进落实——珠海市发挥机关党组织优势助推行政体制改革》，《紫光阁》2014 年第 3 期。

43. 申学锋、王子轩：《"省直管县"财政体制改革脉络及文献述论》，《地方财政研究》2018 年第 9 期。

44. 史正保：《商法思维下我国商事登记审查形式之选择》，《中国商法年刊》2013 年。

45. 邵任薇：《构建"简政强镇"改革的实现机制：基于改革困境的考量》，《城市发展研究》2012 年第 4 期。

46. 宋翔：《省直管县改革背景下市县之间关于放权的博弈分析》，《中国社会科学院研究生院学报》2018 年第 3 期。

47. 孙柏瑛：《强镇扩权中的两个问题探讨》，《中国行政管理》2011 年第 2 期。

48. 唐晓阳、邓卫文：《广东实施农民工积分制入户政策的效果评价及完善对策研究》，《广东行政学院学报》2013 年第 6 期。

49. 王楚、贺林平：《广东顺德大部制半年观察：官员称实现软着陆》，《决策探索（上半月)》2010 年第 5 期。

50. 王慧农：《建立机构精干　职能明确　动作有序　行为规范的新体制——深圳经济特区行政管理体制改革探索》，《特区理论与实践》2000 年第 9 期。

51. 王巍、唐晓阳、王学敏：《乡镇新一轮行政体制改革的问题与对策——以东莞市塘厦、石龙镇为例》，《岭南学刊》2011 年第 1 期。

52. 王玉明：《试论广东实行省管县体制的必要性与实现路径》，《岭南学刊》2009 年第 4 期。

53. 王玉明、刘湘云：《走向省直管县体制：广东的路径选择》，《南方论刊》2010 年第 11 期。

54. 巫广永：《广东省行政体制改革 40 年的主要做法、经验总结和改革展望》，《四川行政学院学报》2019 年第 4 期。

55. 温力健、湛嘉静、邓嫣嫣：《"省直管县"改革绩效、问题及对策研究——以广东省为例》，《经济研究导刊》2015 年第 11 期。

56. 吴金群：《交错的科层和残缺的网络：省管县改革中的市县关系困局》，《北京行政学院学报》2017 年第 1 期。

57. 吴永生：《权力监督与国家治理能力现代化》，《理论探索》2015 年第 2 期。

58. 武树帜、李美清：《推行电子政务 改进管理方式——广东佛山市深化行政管理体制改革探索》，《中国行政管理》2003 年第 3 期。

59. 徐晓全：《国家治理体系现代化视域下县域大部制改革的推进方向——以广东顺德大部制改革为例》，《领导科学》2014 年第 26 期。

60. 许耀桐：《英法美大部制改革路径借鉴——大部制改革路径探析》，《决策探索》2013 年第 8 期。

61. 许耀桐：《顺德大部制改革"石破天惊"》，《同舟共进》2011 年第 9 期。

62. 肖志恒：《率先试点 探索新路 稳步推进事业单位改革》，《中国机构改革与管理》2012 年第 4 期。

63. 谢涤湘、范建红、常江：《经济发达地区特大镇行政区划体制改革》，《规划师》2016 年第 10 期。

64. 徐勇：《县政、乡派、村治：乡村治理的结构性转换》，《江苏社会科学》2002 年第 2 期。

65. 姚莉：《扩权、分权与自主性增长："镇级市"成长的逻辑与实现路径》，《社会主义研究》2012 年第 4 期。

66. 叶贵仁、钱蕾：《"选择式强镇"：顺德简政强镇改革路径研究》，《公共行政评论》2013 年第 4 期。

67. 易丽丽：《广东事业单位改革"第四条路"》，《决策》2012 年第 Z1 期。

68. 张浩然、衣保中：《基础设施、空间溢出与区域全要素生产率——基于中国 266 个城市空间面板杜宾模型的经验研究》，《经济学家》2012 年第 2 期。

69. 张瑞：《行政管理体制改革的新尝试——关于广东省顺德区行政管理体制改革的调研与思考》，《中国特色社会主义研究》2010 年第 6 期。

70. 中央党校第 15 期中青二班四支部广东汕头调研组等：《建设阳光法治政府——广东汕头深化行政体制改革的探索》，《中国党政干部论坛》2016 年第 1 期。

71. 周俊玲：《事业单位改革的广东样本》，《领导之友》2012 年第 7 期。

72. 周业柱：《公共决策监控机制：特点、问题与对策》，《中国行政管理》2010 年第 7 期。

73. 朱慈蕴：《我国商事登记立法的改革与完善》，《国家检察官学院学报》2004 年第 6 期。

74. 朱东风：《中心镇小城市化的理论分析与江苏实践的思考》，《城市规划》2008 年第 3 期。

75. 朱光磊、张志红：《"职责同构"批判》，《北京大学学报（哲学社会科学版)》2005 年第 1 期。

76. 《2009 年顺德大部制改革纪实》，《广东史志》2013 年第 2 期。

（二）毕业论文

77. 汪枫：《顺德"大部制"改革研究》，中山大学硕士学位论文，2010 年。

78. 刘勇：《广东"省管县"体制改革的困境和对策研究》，华南理工大学硕士学位论文，2014 年。

（三）报纸文章

79. 孔海文：《把简单带给群众，把复杂留给政府》，《中国社会报》2015 年 4 月 13 日。

80. 常子健：《顺德："大部制"构架下的综合改革样本》，《中国经济导报》2009 年 12 月 8 日。

81. 陈海丹：《禅城开启"一门式"行政服务试点》，《信息时报》2014 年 5 月 21 日。

82. 慈冰：《顺德大部制"有限改革"》，《财经国家周刊》2014 年 3 月 2 日。

83. 范琛、崔财鑫、汪良波：《湛江：深化行政体制改革　激发崛起强大动力》，《南方日报》2013 年 12 月 9 日。

84. 范毅、邱爱军、徐勤贤、李可：《如何激发特大镇发展活力——对浙江省温州市龙港镇的调研与思考》，《光明日报》2014 年 7 月 15 日。

85. 何超、周文吉：《佛山 6 月启动"一门式"政务服务体系建设》，《广州日报》2015 年 5 月 26 日。

86. 何宁、邱乐昀：《禅城一门式：前台提速倒逼后台改革》，《佛山日报》2014 年 11 月 11 日。

87. 何宁、邱乐昀：《禅城推大数据建社会综合治理云平台》，《佛山日报》2015 年 5 月 10 日。

88. 胡良光、曾妮：《广东深化行政执法体制改革的探索》，《南方日报》2012 年 10 月 26 日。

89. 黄挺：《广东行政体制改革的新突破》，《南方日报》2013 年 3 月 4 日。

90. 李晓玲、张培发：《佛山禅城启动全省首个法人"一门式"改革》，《南方日报》2015 年 5 月 11 日。

91. 刘宏波：《为数字政府建设贡献禅城经验》，《珠江时报》2018 年 4 月 26 日。

92. 刘宏波：《禅城"一门式"要成为改革新范例来源》，《珠江时报》2014 年 12 月 5 日。

93. 刘宏波：《"一门式"数据模式力争全国先行先试》，《珠江时报》2014 年 12 月 15 日。

94. 傅春荣：《广东首创容缺受理　商事制度改革迈大步》，《中华工商时报》2017 年 2 月 16 日。

95. 罗艳梅：《禅城开启"一门式"行政服务》，《珠江时报》2014 年 5 月 19 日。

96. 罗艳梅：《禅城政务服务改革值得借鉴学习》，《珠江时报》2019 年 8 月 16 日。

97. 孙景锋、李晓莉、阎锋：《国家民政部带队考察"一门式"服务获肯定》，《南方日报》2015 年 3 月 18 日。

98. 王广永、何涛、徐靖：《国务院机构改革吸收顺德经验》，《广州日报》2013 年 3 月 11 日。

99. 许琛：《行政体制改革汕头立法"放权"》，《羊城晚报》2011 年 7 月 8 日。

100. 阎锋：《南方日报对话禅城"一门式"服务"操盘手"》，《南方日报》2014 年 9 月 23 日。

101. 严晓莹：《高明：行政执法案件"一门式"搞定》，《佛山日报》2015 年 2 月 2 日。

102. 于祥华：《朱小丹到佛山调研"一门式"政务服务情况》，《佛山日报》2015 年 7 月 22 日。

103. 张培发：《行政体制改革的"顺德样本"》，《南方日报》2012 年 10 月 14 日。

104. 张鑫璐：《广东顺德大部制改革"五步曲"》，《中国青年报》2011 年 6 月 8 日。

105. 赵宇青：《珠海行政管理体制改革成效良好》，《珠海特区报》2010 年 2 月 4 日。

106. 赵越：《"一门式"改革有望全市推行》，《南方日报》2015 年 5 月 26 日。

107. 郑梦婕：《汕头大刀阔斧改革行政管理体制"开门"清理审批事项省内首创》，《汕头日报》2011 年 11 月 21 日。

108. 郑梓锐：《禅城"一门式"行政服务今日运行》，《广佛都市报》2014 年 9 月 1 日。

109. 郑永年：《中国如何才能真正缩减政府规模》，《联合早报》2013 年 2 月 19 日。

110. 周志坤：《广东再力挺顺德试水省直管县》，《南方日报》2011 年 2 月 14 日。

（四）其他

111. 《佛山市顺德区党政机构改革方案》（粤机编〔2009〕21 号）。

112. 佛山市联合调研组、中共佛山市委政策研究室编：《关于顺德大部制改革和社会体制综合改革的跟踪调研报告》，《动态与研究》2012 年第 3 期。

113. 广东省人民政府办公厅：《珠三角基本公共服务一体化规划研究报告（2009—2020）》。

114. 中山市流动人口管理办公室：《中山市流动人员积分制管理工作手

册》，2018 年。

115.《中共中央关于全面推进依法治国若干重大问题的决定》，《中国法学》2014 年第 6 期。

116. 刘慧琼：《深圳商事登记制度改革》，《新兴经济体研究会 2018 年会暨 2018 新兴经济体论坛人类命运共同体论文集》。

三、网络文献

117. 方伟彬：《广东佛山商事登记全年全天不打烊》，http：//www. gd. chinanews. com/2018/2018－07－11/2/397720. shtml，2018 年 7 月 11 日。

118. 广东省发展和改革委员会：《广东省国民经济和社会发展报告（2017）》，http：//drc. gd. gov. cn/gdsgmjjhshfzbg2013＿6062/content/post＿854167，2018 年 2 月 28 日。

119.《广东省 1978 年来的生产总值》，广东省统计信息网，http：//stats. gd. gov. cn/gdp/content/post＿1430139. html，2018 年 11 月 23 日。

120. 江门市蓬江区编办：《江门市蓬江区全面铺开"邑门式"行政服务方式改革》，http：//www. gdbb. gov. cn/gdbb/gdgzdt/201511/5e45d9dd 77e54 bed93935cdec0952668. shtml，2015 年 11 月 13 日。

121. 蒋晓敏：《顺德连续七年蝉联全国百强区榜首，北滘跃升全国千强镇第 6》，http：//static. nfapp. southcn. com/content/201810/08/c1552229. html？group＿id＝，2018 年 10 月 8 日。

122. 马海洋：《广东省网上办事大厅正式开通　突出办事和审批功能》，http：//www. chinanews. com/gn/2012/10－19/4261875. shtml，2012 年 10 月 19 日。

123. 茂名高州市编办：《茂名高州市建成市、镇、村三级行政服务中心》，http：//mmbb. maoming. gov. cn/，2015 年 2 月 28 日。

124. 颜文佳、郑柔柔：《禅城一门式改革受瞩目　各省市代表前来考察》，新浪网，http：//gd. sina. com. cn/fs/yaowen/2015－03－18/105628957. html，2015 年 3 月 18 日。

125.《数字广东首个成果"粤省事"移动民生服务正式上线》，腾讯·大粤网，http：//gd. qq. com/a/20180521/021243. htm，2018 年 5 月 21 日。

后 记

2018 年是改革开放 40 周年，2019 年是新中国成立 70 周年。如果从 1978 年开始算起，我国行政体制改革已历经 40 多年了；如果从 1949 年算起，我国追寻现代化的脚步也有 70 年了。无论在我国行政体制改革，还是在我国现代化的进程中，广东都扮演了重要的角色，尤其是改革开放以后，广东作为改革开放的排头兵，发挥着日益重要的作用。从内容的内在联系来看，行政体制改革也是国家治理体系和治理能力现代化的重要举措。所以，本书既是对广东行政体制改革典型实践探索的研究，也是对广东在国家治理体系现代化方面实践探索的研究。

本书写作的具体分工是：第一、二、三、五、八、九、十、十一、十二章均由中共广东省委党校（广东行政学院）行政学教研部老师撰写，分别为董娟教授、陈家刚教授、王玉明教授、代凯副教授、陈晓运副教授、刘慧琼教授、邓卫文副教授、唐晓阳教授。第四章由中共广州市委党校黄丽华教授、万玲副教授、李强副教授、平思情老师撰写，第六章由中共广东省委党校（广东行政学院）应急管理教研部张青教授撰写，第七章由中共广州市委党校王玉老师撰写。结语部分由中共肇庆市委党校巫广永老师撰写。此外，陈家刚负责本书的选题、基本思路、框架设计和最后的统稿定稿工作，陈晓运、黄丽华也为本书题目的修订和后期的编写提供了协助和支持。所以，本书是集体智慧的结晶，体现出"合作治理"的精神。本书是第一次团队合作的尝试。万事开头难。

本书的出版得到了中共广东省委党校（广东行政学院）各位校院领导、专家和多个部门的指导与支持；也得到了人民出版社编辑的督促与支持。本书的写作还借鉴了国内外多位专家学者的研究文献。在此一并表示衷心的感谢！

由于时间、水平和资料所限，本书的研究内容还有待进一步完善，研究深度还有待加强，本书若有疏漏之处，敬请各位专家和读者不吝批评指正！

责任编辑：李甜甜
封面设计：胡欣欣
责任校对：黎　冉

图书在版编目（CIP）数据

广东治理现代化实践探索研究／陈家刚等著. —北京：人民出版社，2020.3
ISBN 978 - 7 - 01 - 021895 - 3

Ⅰ.①广…　Ⅱ.①陈…　Ⅲ.①地方政府—行政管理—研究—广东
　Ⅳ.①D625.65

中国版本图书馆 CIP 数据核字（2020）第 029716 号

广东治理现代化实践探索研究
GUANGDONG ZHILI XIANDAIHUA SHIJIAN TANSUO YANJIU

陈家刚、陈晓运、黄丽华 等 著

人 民 出 版 社 出版发行

（100706　北京市东城区隆福寺街 99 号）

中煤（北京）印务有限公司印刷　新华书店经销

2020 年 3 月第 1 版　2020 年 3 月北京第 1 次印刷
开本：710 毫米 ×1000 毫米 1/16　印张：13.25
字数：208 千字

ISBN 978 - 7 - 01 - 021895 - 3　定价：46.00 元

邮购地址　100706　北京市东城区隆福寺街 99 号
人民东方图书销售中心　电话：（010）65250042　65289539